はじめに

世界で戦える事業を日本発で創るために

経済ニュースを報じているテレビ番組や新聞、雑誌等では、定期的に**「世界企業の株式時価総額ランキング」**を特集しています。

そこには、世界から見た〝日本企業の現状〟が象徴されています。

例えば2023年3月時点のランキングにおいて、上位につけているのは「アップル（アメリカ、1位）」「サウジアラムコ（サウジアラビア、2位）」「マイクロソフト（アメリカ、3位）」「アルファベット（グーグルの持ち株会社。アメリカ、4位）」「アマゾン（アメリカ、5位）」などの海外企業が中心です。

50位以内にランクインしている日本の企業は1社もありません。この表の欄外になりますが、52位にようやくトヨタ自動車が登場します。これが日本企業の実情です。

つまり、日本企業は世界における存在感が薄れ、**競争力においても後《おく》れをとっている状態**なのです。

もっとも、昔からそうだったわけではありません。34年前の1989年のランキングでは、「NTT（1位）」「日本興業銀行（2位）」をはじめ、トップ50位以内にランクインしている日本企業が多数ありました。当時はトヨタ自動車も11位と健闘していました。

しかしその後、長年にわたるデフレ経済によって、日本ではGDPが横ばいの成長停滞期、いわゆる**「失われた30年」**と呼ばれる時代が続きました。この「失われた30年」は単に経済成長がなかっただけでなく、同時にイノベーションが生まれなかった時代でした。その結果、いつの間にか時価総額ランキングでも世界から取り残され、**「稼げない国」**になってしまいました。

その背景には何があるのでしょうか。

ここに、本書のテーマである**「知財」**が関係しています。

〝目に見えない〟資産でありながらも、収益を生み出すことができる資産を総合して表す概念として**「無形資産」**があります。知財は無形資産の一種とされています。

無形資産とは、読者の皆さんにもなじみ深い特許権や商標権、著作権などの「知的財産権（知財権）」のほか、ブランドや営業秘密、ノウハウなどを含めた「知的財産（知財）」、人的資産や経営理念、組織力、技能などの「知的資産」を含む**企業や個人が保有する物理的形状のない経営資源**すべてのことを言います。

これらの無形資産を活用することによって、企業や個人は新規事業を創出して業績を伸ばすことができます。

無形資産の分類は、経済産業省が「知的資産経営ポータル」の中で、具体的な事例を挙げて分かりやすく解説しています。

図表1：1989年と2023年の 世界時価総額ランキングの比較

世界時価総額ランキングTOP50（1989年）

1	NTT	日本
2	日本興業銀行	日本
3	住友銀行	日本
4	富士銀行	日本
5	第一勧業銀行	日本
6	IBM	アメリカ
7	三菱銀行	日本
8	Exxon	アメリカ
9	東京電力	日本
10	Royal Dutch Shell	イギリス
11	トヨタ自動車	日本
12	General Electric	アメリカ
13	三和銀行	日本
14	野村證券	日本
15	新日本製鐵	日本
16	AT&T	アメリカ
17	日立製作所	日本
18	松下電器	日本
19	Philip Morris	アメリカ
20	東芝	日本
21	関西電力	日本
22	日本長期信用銀行	日本
23	東海銀行	日本
24	三井銀行	日本
25	Merck	アメリカ
26	日産自動車	日本
27	三菱重工業	日本
28	DuPont	アメリカ
29	General Motors	アメリカ
30	三菱信託銀行	日本
31	British Telecom	イギリス
32	BellSouth	アメリカ
33	BP	イギリス
34	Ford Motor	アメリカ
35	Amoco	アメリカ
36	東京銀行	日本
37	中部電力	日本
38	住友信託銀行	日本
39	Coca-Cola	アメリカ
40	Walmart	アメリカ
41	三菱地所	日本
42	川崎製鉄	日本
43	Mobil	アメリカ
44	東京ガス	日本
45	東京海上火災保険	日本
46	NKK	日本
47	ALCO	アメリカ
48	日本電気	日本
49	大和證券	日本
50	旭硝子	日本

世界時価総額ランキングTOP50（2023年）

1	Apple	アメリカ
2	Saudi Aramco	サウジアラビア
3	Microsoft	アメリカ
4	Alphabet	アメリカ
5	Amazon.com	アメリカ
6	Berkshire Hathaway	アメリカ
7	Tesla	アメリカ
8	NVIDIA	アメリカ
9	UnitedHealth Group	アメリカ
10	Exxon Mobil	アメリカ
11	Visa	アメリカ
12	Meta Platforms	アメリカ
13	台湾積体電路製造（TSMC）	台湾
14	騰訊控股（Tencent Holdings）	中国
15	JPMorgan Chase	アメリカ
16	LVMH Moet Hennessy Louis Vuitton	フランス
17	Johnson & Johnson	アメリカ
18	Walmart	アメリカ
19	Mastercard	アメリカ
20	Procter & Gamble	アメリカ
21	貴州茅台酒（Kweichow Moutai）	中国
22	Novo Nordisk	デンマーク
23	Samsung Electoronics	韓国
24	Chevron	アメリカ
25	Nestle	スイス
26	Eli Lilly and Company	アメリカ
27	Home Depot	アメリカ
28	Merck	アメリカ
29	Bank of America	アメリカ
30	Abbvie	アメリカ
31	Coca-Cola	アメリカ
32	阿里巴巴集団（Alibaba Group Holding）	中国
33	Pepsico	アメリカ
34	ASML Holding	オランダ
35	Broadcom	アメリカ
36	Oracle	アメリカ
37	Roche Holding	スイス
38	Pfizer	アメリカ
39	中国工商銀行	中国
40	Prosus	オランダ
41	Costco Wholesale	アメリカ
42	L'Oreal	フランス
43	Thermo Fisher Scientific	アメリカ
44	Shell	イギリス
45	AstraZeneca	イギリス
46	中国建設銀行	中国
47	Cisco Systems	アメリカ
48	International Holding	UAE
49	Mcdonald's	アメリカ
50	Linde	アメリカ

無形資産の概念は、昨今DX（デジタル・トランスフォーメーション＝データとデジタル技術を活用して、顧客や社会のニーズを基に、製品やサービス、ビジネスモデルを変革するとともに、業務そのものや、組織、プロセス、企業文化・風土を変革し、競争上の優位性を確立すること）の進展を背景として、ソフトウェア、データ、アルゴリズムなどのデジタル資産も含めて中身が多様化しており、境界がますます曖昧になってきています。また後述しますが、2022年1月に内閣府知的財産戦略推進事務局が公表した「知財・無形資産の投資・活用戦略の開示及びガバナンスに関するガイドライン（略称：知財・無形資産ガバナンスガイドライン）」によると、デザイン、コンテンツ、顧客ネットワーク、信頼・レピュテーション、バリューチェーン、サプライチェーン、これらを生み出す組織能力・プロセスまで、その概念はさらに広がりを持つようになっています。

無形資産を活用するうえで真っ先に注目したいのが、無形資産の中で最も基本的な資産である、**企業や個人により生み出された発明やノウハウ、ブランドなどから成る「知財」**です。無形資産は、この知財を広義に捉え直したものと言っても過言ではありません。世界で稼いでいる企業は、どの企業もほぼもれなく、自社や他社の**知財を組み合わせて価値を最大化**し、競争力を確保・保護（権利化）・強化するための戦略を持っています。

図表2：無形資産の分類

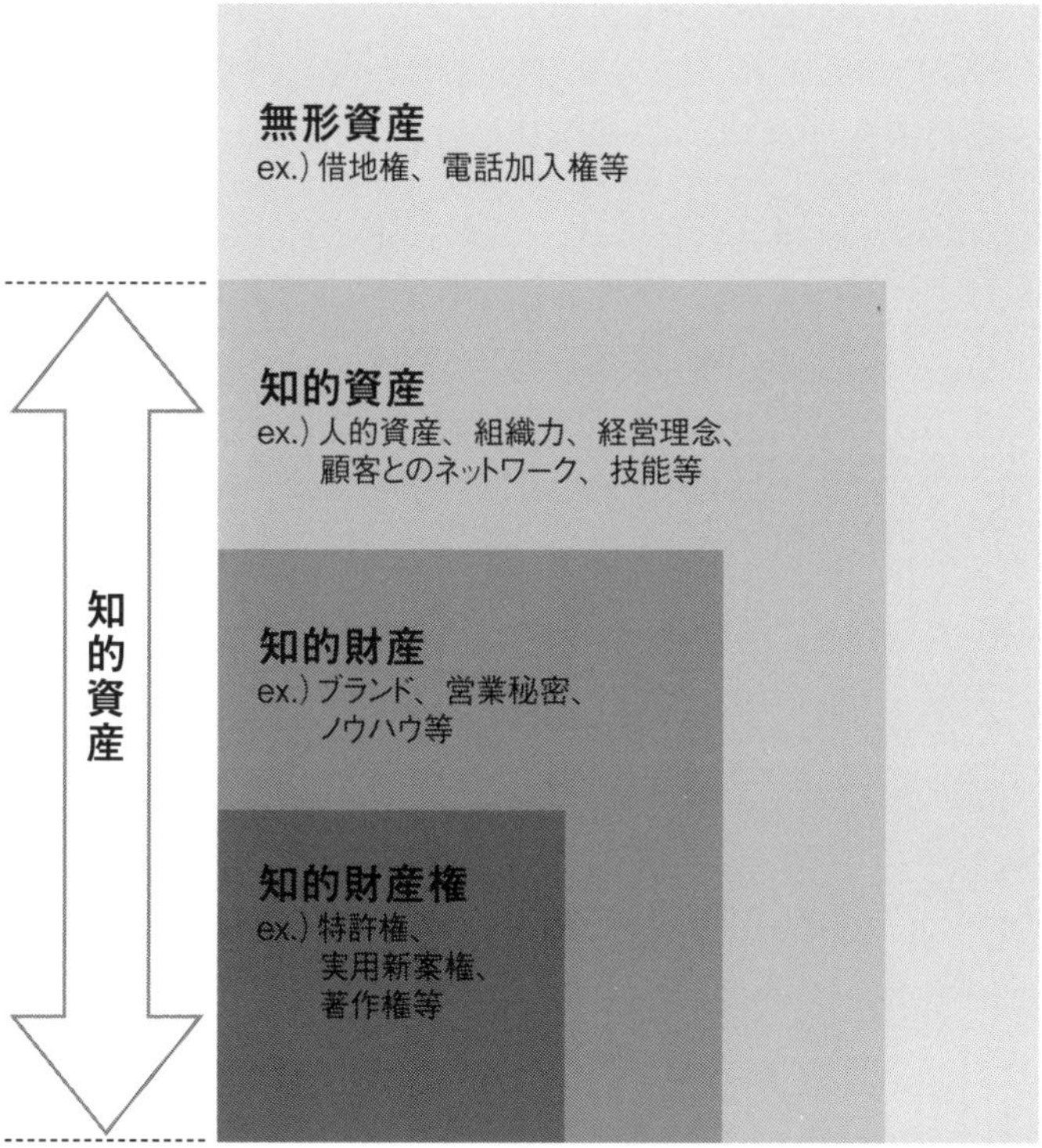

出典：経済産業省「知的資産経営ポータル」より作成

本書では、近年多様化している知財を複合化（ミックス）し、柔軟に活用して事業を展開することを**「知財ミックス」**と呼びたいと思います。

私は、日本企業の多くは、多様な知財を社内に持っているにもかかわらず、それを発見し、ミックスして活用することが不十分で、かつ知財の流出防止等の対策も十分にとれておらず、海外企業に後れを取っていると考えています。

現代は、企業や社会を取り巻く環境の変化が大きく、将来の予測が難しい**「VUCA（ブーカ）時代」**と言われています。VUCAとは、変動性（Volatility）・不確実性（Uncertainty）・複雑性（Complexity）・曖昧性（Ambiguity）という4つの単語の頭文字を取った言葉です。もともとは1990年代に軍事用語として使われ始めた言葉でしたが、2010年頃からビジネス分野においても、変化が激しく不安定な社会情勢を指す言葉として用いられるようになりました。VUCA時代に企業が生き残っていくためには、未来を先取りし、時代の流れに合った形で変革を起こし続けていくことが必要となります。

そんなVUCA時代においても世界のIT市場を席巻し、社会に対して影響力を維持し続ける企業があります。それは**GAFAM**と呼ばれる米国発の列強企業で、**グーグル、アップル、フェイスブック（現・メタ）、アマゾン、マイクロソフト**の5社です。

彼らが社会の変化を先読みしながら、常に他社より先回りして社会を変えるだけのインパクトを持つことができているのはなぜなのでしょうか。

じつは「知財ミックス」こそが、まさに彼らの秘策なのです。

VUCA時代でも普遍的で持続性のあるビジョンを高らかに掲げ、そのビジョンを体現する知財を効果的にミックスし、常に先進的なイノベーションを生み出すことで、彼らは世界企業となっているのです。

例えば、グーグルの知財ミックスでは、2016年に自動運転車開発部門を分社化させて**ウェイモ**という会社をつくり、ロボタクシーの開発を行っていますが、自分たちではカバーしきれない技術は、他社の特許の譲渡または実施許諾を取得して法的なセーフティエリアの維持に努めています。また2023年3月に対話型人工知能Bardの提供を開始しましたが、関連するアルゴリズムやデータなどの知財ポートフォリオ（知財の集合体）の増強を図っています。

これらはすべて、**「人々が世界の情報にアクセスできる世界をつくる」**という大きなビジョンを体現するためのものです。ウェイモのロボタクシー事業は、検索エンジンから始まったグーグルのビジネスとは、関係ないように見えるかもしれませんが、グーグルマップを通じて集めた地理情報という膨大な知財を活用し、モビリティによって人を物理的にもアクセスできるようにするという普遍的なビジョンの下で展開されようとしています。

アマゾンの知財ミックスでは、新規顧客を惹きつけるために、商流プラットフォームの知財を有効に活用し、顧客が楽に商品を購入できる機能を次々に導入しています。そして、他社と差別化するために、それらの知財を特許によって法的にサポートしています。昨今はプラットフォームのサービスの一環として、消費者の購買・決済履歴データ等の知財を与信情報として活用し、保険やローンを提供するなど、**金融サービスの展開**が目覚ましく、インフラを支える技術の優位性を守るために関連する特許や商標を取得しています。消費行動を丸ごとデータで見える化する力は、さらに**マンション事業**にも活かされようとしています。入居者にはバーチャルアシスタントAIの**Amazon Alexa**を通じて徹底した利便性を提供しつつ、行動データの取得の見返りに家賃をディスカウントするところに彼らの戦略性が垣間見えます。この戦略は、アマゾンの**「顧客がオンラインであらゆるものを簡単に発掘し、最大限低価格で得られる世界をつくる」**というビジョンに立脚したものです。

フェイスブックの知財ミックスでは、M&Aによって自社のプラットフォームに関する他社の特許を積極的に取得し、特許による保護を強化することで、法的に安全なプラットフォーム環境を提供しています。これまで展開されてきたフェイスブックやインスタグラムなどのSNSサービスはもとより、VRヘッドセットの**Meta Quest 2**によって接続されるメタバース

Horizon Worldsでは、マルチプレイヤー仮想プラットフォームに接続する各種ハードウェアとプラットフォーム上で動作する各種ソフトウェアに関する技術やデザインに加えて、ゲーム等のコンテンツといった、ありとあらゆる知財が張り巡らされており、フェイスブックの世界観を構成しています。これは、フェイスブックがもつ**「友だちや家族とのつながりを保ち、世界で何が起こっているのかを発見できるようにする」**という創業当初からのビジョンを体現しています。

アップルの知財ミックスでは、スマホやタブレット、ウェアラブルなどの人の五感に徹底して寄り添うデバイスによって、ユーザが接続されるプラットフォームにおいて安全性を確保するために、筐体や電子部品に関する他社の知財を柔軟に採用すると同時に、ブランドを侵害する行為には徹底して排斥する戦略を併用しています。アップルの知財ミックスは、**iPhone**をカーオーディオやカーモニターに接続して操作する**CarPlay**という規格に準拠した**自動運転EVの開発や銀行業、ホテル事業への参入**にも、そのまま活かされようとしています。アップルは、公式には会社のビジョンを公表しておりませんが、創業者のスティーブ・ジョブズ氏の発言や会社のプレスリリースなどから、**「人の五感を日常的に包み込むことで、徹底して快適で豊かな生活空間をつくりだす」**というビジョンを読み取ることができ、これまで展開されてきた製品・サービスの特徴を支える一貫性のある知財ミックスを見ると、このビジョンにぴったりと整合したポートフォリオになっています。

そして、マイクロソフトの知財ミックスでは、**「発明先取り会議」**を継続的に開催し「まだ誰もやっていないが、5年後、10年後にこういうことが始まるのではないか」ということを考え、特許を持っていれば、技術や事業のイニシアチブが握れる可能性のある発明を優先的に行っています。AI関連のアルゴリズムやデータ、MMI（マン・マシンインターフェース＝人間と機械が接触する部分で、情報をやりとりする機能のこと）から成る盤石な知財ミックスは、現在世界を席巻しているOpenAIの人工知能チャットボット**ChatGPT**にも着実に活かされており、2000年代の低迷期を脱して、ふたたび世界の覇者として一気に巻き返しを図ってきています。マイクロソフトは、ビジョンこそ公表していませんが、2014年にCEOに就任したサティア・ナデラ氏が再定義したミッションは、**「地球上のすべての個人とすべての組織が、より多くのことを達成できるようにする」**というもので、着実にその成果が出つつあります。実際、マイクロソフトはコロナの真っただ中でも株価は史上最高値を連日更新しており、今後もこのミッションを果たすためのあらゆる知財をミックスで張り巡らし、存在感を増していくことが予想されます。

そもそも、GAFAMのひとつであるフェイスブックは、最初はハーバード大学の「ミスコン」からスタートしました。これは若者の発想ですが、こんな小さなアイデアが、たった10年で世界企業になると誰が想像できたでしょうか。GAFAMはどれも、もともとはベンチャー企業で、若者が立ち上げた**「攻めの企業」**です。その攻めの企業が世界企業になっていく様を、映画『ソーシャル・ネットワーク』ではリアルに観ることができます。未来に向けて実現したいビジョンと高い志を持ち、それを実現するために時代の変化を読み解きながら、コツコツと、しかしスピーディに知財をミックスで固めてきたことが分かることでしょう。

日本の企業も負けてはいられません。守りに入って、新しいことにチャレンジしない姿勢を覆し、今こそかつてのように時価総額ランキングのトップ50に入る企業を生み出すべき時期に入っていると私は思うのです。そして、そのベースになるのが知財ミックスの考え方です。本書では、そんな知財をミックスで活用する方法について、余すことなく紹介していきます。

事例を挙げながら言葉を変えて何度も繰り返し説明していきますので、時にくどく、しつこい印象を与えるかもしれません。しかし、それは知財が〝**目に見えない**〟**資産**でありながらも、**収益を生み出すことができる資産**であるという分かりづらさを解きほぐすこと、そして、知財をミックスするということの考え方とその実践行動を、読者の皆さんの心の中に刻み込んでいただきたいという強い思いによるものです。そうすることで、未来の課題・ニーズから逆算して社会的にインパクトのあるビジネスを構想し、ダイナミックに稼ぐことへの苦手意識を克服していただきたいと思っています。

その前提として、私自身の経歴についてもご紹介いたします。

私は東京大学大学院情報理工学系研究科後期博士課程修了後、株式会社三菱総合研究所、デロイトトーマツコンサルティング合同会社を経て、現在は「株式会社テックコンシリエ」の代表取締役を務めています。

三菱総研在職中は、リーマンショック直後の2009年より株式会社三菱東京UFJ銀行（現・三菱UFJ銀行）に2年間出向し、経営難に陥った取引先企業の経営改善、信用創造のために、知財の経済価値を活用した新たな金融手法の開発に携わりました。取引先企業の経営者の方々も開発者の方々も日々努力を積み重ね、世界に誇れる技術やアイデアを生み出していたにもかかわらず、それらの知財が活かされず、経済危機のなかで経営基盤そのものが揺らいでしまうところまで来ていました。まさに知財が**「宝の持ち腐れ」**になっていたのです。しかし、銀行の支援の下、知財を活用してビジネスを立て直し、長期的な視点での成長戦略を経営改善計画に反映させるとともに、知財から得られる将来キャッシュフローを担保に銀行から資金援助を受け、その結果、業績はV字回復し、ふたたび経営を成長軌道に乗せることができました。

私はその経験を活かして、クライアントの**目に見えない知財の価値を掘り起こしてビジネスを興すコンサルティング手法**を確立し、それ以降知財を事業・研究開発に活かすための戦略立案・実行を支援するコンサルタントとして国内外でビジネスを展開してきました。また内閣府、経済産業省、文部科学省、特許庁をはじめとした政府機関の委託事業を通じて、日本の産業政策、技術政策の立案と実行に貢献してまいりました。

特許庁主催「知財を切り口とした事業性評価の方法について」「技術立国ニッポンの命運をかけた知財活用ファイナンス」などの基調講演のほか、業界団体主催のカンファレンス、金融機関や事業会社内での役員・管理職向けセミナーでの講演、各種業界ジャーナルでの寄稿・執筆実績も多数あります。

現在は、知財ビジネスプロデューサーとして、トヨタ、ソニー、キヤノンなど大企業のクライアントを中心に、企業内外の多様な知財を発見・活用して、ミックスで新規事業に活かすご提案をし、着実に成果に結び付けております。

私のこうした経歴を活かした知財ミックスについて、ともに学んでいきましょう。読者の皆さんが知財ミックスの実践を経て、かつて日本企業の多くが世界を席巻したように、海外企業に負けない成長をふたたび実現できたとしたら、著者として望外の幸せです。

鈴木健二郎

目次

- contents -

序章

世界的企業に共通する「知財ミックス」と「ビジョン経営」

「失われた30年」を「失われた40年」にしないために

本書では、日々努力しているにもかかわらず、１９９０年代から「失われた10年」「20年」「30年」という経済低迷期を過ごし、もはや「打つ手なし」と絶望感が蔓延している日本の企業経営者の皆さんに向けて、自信を取り戻していただき、**逆転するための解決策**を紹介しています。

また〝失われた時代〟が長過ぎて、物心ついたころから失った時代しか知らない若い従業員の方々が、**「失い続けるループ」**をご自身の時代で断ち切って、次の10年こそ逆転の道に転換するための処方箋にもなると信じています。

「失われた30年」の原因には、バブル経済の崩壊後の30年間、マクロ経済環境の低迷が続き、「少子高齢化に突き進む人口動態」「変われない日本の社会通念」「法律や制度の機能不全」「経済・金融政策や税制改革の失敗」などを背景として、イノベーティブ（革新的）な新規事業が生み出せなかったという、複雑な構造的問題が絡み合っています。

ただし、本書の目的は、そうした社会問題を根本的に改善しようというものではなく、一企業単位、一個人単位でも、自ら対策を考えられるレベルで課題を提示し、明日からでも行動できる、実践的な手法を提供することです。

その一発逆転の手法とはズバリ、企業や個人レベルで蓄積してきた技術やアイデアなどの多様な知財を多方面に張り巡らし、時代を先読みして持続可能な価値に変える仕組みをつくることです。この手法を、とくに本書では**「知財ミックス」**と呼びたいと思います。

知財を活用して勝てるビジネスの戦略を立てる際には、多様な知財を組み合わせて最適な**知財ポートフォリオ（知財の集合体）**をつくるために、知財ミックスを行うことが重要になってきます。加えてこの知財ミックスは、明確な方針に向かって事業を展開する**「ビジョン経営」**とともに実践することが、これからの企業には不可欠であると私は考えています。

事実、素晴らしい商品・サービスの〝素〟になる技術やアイデアを持っていながら、売上を伸ばすのに日々腐心している企業や組織は少なくありません。

気がつくと、かつては世界を唸らせていた素晴らしい日本の商品・サービスは影を潜め、2000年代に世界を席巻したGAFAMに続き、2010年代の後半からは、新たに海外企業の商品・サービスが出現するようになりました。フェイスブック、アマゾン、ネットフリックス、グーグル、アップル、アリババ、バイドゥ、エヌビディア、テスラ、ツイッター（現・X）といった、欧州や中国の企業も含めた新たな列強企業は、いわゆるFANG＋（ファングプラス）と呼ばれています。彼らの商品・サービスが日本人の消費社会にもあふれるようになりましたが、やはりそこには日本の企業の名前はありません。

GAFAM及びそれに追随する新たな先進企業群は、VUCA時代（常識を覆すような社会変化が次々と起こり、将来を予測するのが困難な時代）であっても、いずれも自社の技術やアイデアなどの知財を顧客や社会の価値に変える手法を実践し、自社の商品・サービスの世界観を見事にブランドに活かし、ファンを増やすことで安定した売上獲得を実現しています。

その分かりやすい例がアップルです。

アップルは、未来を見通した商品・サービスを世に送り出し、常にファンを魅了し続けています。製品の機能や性能のクオリティはもちろん、製品デザイン、製品名称、アイコン・インターフェース、製品パッケージ、周辺機器、アクセサリー、さらには店舗外観やデバイスの起動音に至るまで、あらゆる角度から隅々まで技術やアイデア、デザインなどの知財をミックスで張り巡らし、**アップル全体の企業ブランド**を構築しています。

一方でアップルは、知財を張り巡らせると同時に、明確なビジョンを持っている点でも特筆すべき企業です。アップルのビジョンとは**「人の五感を日常的に包み込むことで、徹底して快**

適で豊かな生活空間をつくりだす」という構想です。Apple Vision ProやApple Watch、AirPodsなどのウェアラブル商品、Apple Musicなどのサービスに象徴されるように、人の五感に寄り添い日常を丸ごと包み込んで快適に過ごしてもらい続けることで、常に収益が生み出される仕組みを完成させることがアップルの経営ビジョンなのです。

もともとはマイクロコンピュータの「Apple I」の製造・販売から始まったアップルは、当初はApple Computer, Inc.という社名でしたが、もはやコンピュータに限定せずに知財を総動員したあらゆる商品・サービスを展開する意志から、2007年にComputerを外し、社名を単にApple Inc.としたことからも、彼らのビジョンの確立が窺い知れるものです。

革新的な知財で新たな商品・サービスを創造し、どのように社会に普及・浸透させ、収益（キャッシュ）を自社に還元させるのか、そして、その収益の一部をどこに投資して、次の時代の社会・顧客への価値につながる新たな知財を生み出すかといった循環的な仕組みが入念に設計され、それを愚直に実践し続けています。

だからアップルは、VUCA時代でも常に進化し、継続的に社会・顧客に新たな価値を提供し続け、長期にわたり成長することができているのです。

現在、アップルはこの仕組みをさらに発展させ、自動運転の電気自動車や銀行、ホテル事業にも参入しようとしており、技術やアイデアといった知財に加えて、**消費者の生体データ、行動データ**なども新たな知財として活用しようとしています。

こうした仕組みこそ、**「知財ミックス」と「ビジョン経営」**の最高のお手本です。

私は、約20年間クライアント企業へのコンサルティングを行ってきましたが、知財ミックスを構築して回すことこそが、「失われた30年」によって**貧しくなり続けるループから「イチ抜け」**できる、超実践的な秘策であることを確信しています。

知財ミックスの仕組みを構築できない企業や個人は、今後もまた「失い続ける」ループから抜け出すことはできないだろうと言っても過言ではありません。しかも、これからの10年、20年は欧米、中国の先進企業に後れを取った「失われた30年」より、さらに厳しいものになるでしょう。

それは、ＧＡＦＡＭと同様に知財ミックスを愚直に実践し、２０２０年代以降を制すると言われるＦＡＮＧ＋の列強企業が、デジタル革命を牽引することで、世界の産業構造や消費者社会を加速度的に変化させており、これまでの数十年よりさらにその変化がすさまじいものになることが予想されるからです。

ＶＵＣＡ時代は、産業構造や消費者社会の変化だけでなく、気候変動や戦争、災害、資源枯渇などに伴うリスクがこれまで以上に高まっており、企業の経営環境はますます厳しくなると考えられます。

その荒波の中で変わることができない企業や個人に待っているのは、じりじりと坂を下るように貧しくなる**「ジリ貧」**どころの騒ぎではありません。崖に転落していくかのような**「ドカ貧」**なのです。

読者の皆さんには、自社が目指すビジョンをまっすぐに見据え（必要あらば、そのビジョンを見直し）、提供する商品・サービスの源泉となる知財を磨き上げ、知財ミックスの手法によって、何十年間も失い続けてきた負のループを一日も早く断ち切り、**持続的に成長できる進化サイクル**に入っていただきたいと思います。

本書を通じて、この知財ミックスとはどんな概念で、具体的な実践行動とはどのようなものかを、様々な先行事例とともにしつこいほど繰り返し説明していきます。ぜひ、最後まで読み切っていただき、脳裏に焼き付けていただいて、明日からの行動を変えてください。

第1章

なぜ日本は「30年」も失ってしまったのか

革新的な技術やアイデアでとどまってしまった日本のイノベーション

第1章では、長らく続く低成長時代で日本企業が抱えている根本的な課題と、その背景にある知財を活用できてこなかった現状について解説していきます。

フランス、シンガポール、アブダビなどに校地を置くビジネススクールの「欧州経営大学院」（INSEAD）は、各国のイノベーション力を評価する指標「Global Innovation Index」を毎年発表しています。この指標は、特許数、科学技術論文数、被引用論文数、労働者一人あたりのGDP成長率、開業数、IT投資額、ISO9001（品質保証の標準）認証件数、ハイテクメーカー数、ロイヤリティ収入、ハイテク製品輸出、対内直接投資、商標数、コンテンツ輸出、新聞有料購読者数、クリエイティブ製品輸出、出版広告事業者数、インターネットのトップレベルドメイン数、Wikipedia編集回数、YouTube動画アップロード数などから総合的に評価するものです。

最新の2021年の指標によると、日本はスイス（1位）、スウェーデン（2位）、アメリカ（3位）から大きく差をつけられ、13位にランクインしています。今から20年以上前の200

図表3：Global Innovation Index 上位20か国、地域（2021年）

順位	国名 () 内の数字は2020年の順位
1	スイス (1)
2	スウェーデン (2)
3	アメリカ (3)
4	イギリス (4)
5	韓国 (10)
6	オランダ (5)
7	フィンランド (7)
8	シンガポール (8)
9	デンマーク (6)
10	ドイツ (9)
11	フランス (12)
12	中国 (14)
13	日本 (16)
14	香港 (11)
15	イスラエル (13)
16	カナダ (17)
17	アイスランド (21)
18	オーストリア (19)
19	アイルランド (15)
20	ノルウェー (20)

出典：欧州経営大学院（INSEAD）より作成

0年初頭は、アメリカ（1位）、ドイツ（2位）に続き、日本が3位につけており、かつてはトップクラスであった日本のイノベーション創出環境（エコシステム）に対する国際的な評価は、2000年代、2010年代を経て著しく低下してしまったことが分かります。

日本が**イノベーション後進国**になってしまった理由はどこにあるのでしょうか。

一般的な書籍や雑誌の記事においては、1990年代以降の「失われた30年」の原因として、バブル経済崩壊後の平成の30年間におけるデフレの進行と、そこから脱却するために打たれた経済政策、産業政策、技術政策などの政府の失策への指摘が多く見られます。

本書では、敢えてそこは論じずにイノベーションを生み出せなかった日本の企業や個人の問題にフォーカスしたいと考えています。

行政サイドの失策で低迷し続けるマクロ経済環境において、企業サイドもただ指をくわえて見ていたわけではありません。真面目で優秀な日本の開発者たちは、戦後から常に**高機能・高性能な数多くの技術**を生み出してきました。また、発想の豊かなクリエイターやアーティストたちは、**ワクワクするような創作物**をつくり出してきました。

今、社会に大きなインパクトを与えようとしているエクスポネンシャル・テクノロジー（指数関数的に成長し、社会に大きなインパクトを与えるテクノロジーのこと）には、「人工知能」「拡張現実」「ブロックチェーン」などと並んで、**「3Dプリンター」「量子コンピュータの**

基本原理」「ゲノム編集の基礎研究」などが挙げられます。実はこれらのテクノロジーの基本原理の発明もしくはその発展において、他国の誰よりも先んじて取り組んだ日本の研究者の卓越した研究成果が貢献していたことはご存知でしょうか。

また、世界でも高く評価されるような音楽や映画、アニメ、ゲーム、ファッションなど数多くのコンテンツを生み出してきたことも踏まえると、日本人は非常に才能豊かであることも分かります。「ゴジラ」「ジブリ」「マリオ」「ポケモン」「エヴァンゲリオン」などの例を挙げればそれは明らかでしょう。

しかし、評価されているのは、生み出している**技術やアイデア**であって、残念ながらそれらを活用したビジネスモデルや、**社会・顧客に提供している価値**ではありません。実は、ここに大きな問題があります。

つまり日本の企業や個人は、技術やアイデアは革新的ですが、それを今の社会や顧客の課題・ニーズに合わせて提供する〝価値〟へと変換する仕組みづくりが、ほとんど進歩していないのです。

社会や顧客の課題・ニーズは大きく変わっています。良いものをつくれば売れるという時代は、すでに1980年代の段階で終わっています。それにもかかわらず、商品・サービスの形態や提供のしかたはここ何十年も変わっていません。

より掘り下げて考えてみましょう。日本の企業が、革新的な技術やアイデアを生み出しても、残念ながら「社会・顧客の価値」にまで到達できないケースが後を絶ちません。経済産業省が平成27年度に実施した「企業・社会システムレベルでのイノベーション創出環境の評価に関する調査研究」で提示した定義によると、イノベーションとは以下の一連の活動を言います。

① 社会・顧客の課題解決につながる**革新的な手法**（技術・アイデア）で**新たな価値**（製品・サービス）を創造し、
② **社会・顧客への普及・浸透**を通じて、
③ **ビジネス上の対価**（キャッシュ）を獲得する。

日本の企業や個人は、①の革新的な手法（技術・アイデア）の創出までは行くのですが、そこでとどまっており、新たな価値（製品・サービス）を創造して、②の社会・顧客に普及・浸透させることで、③のビジネス上の対価（キャッシュ）を獲得することができていないため、イノベーションが最後まで完成せず、「ジリ貧」のスパイラルに陥っているわけです。

こうした問題の背後には何があるのでしょうか。私は、与えられた課題を解くだけの**「詰め込み教育」**の弊害なのか、「課題・ニーズ」を自ら考えるのが苦手であることに、根本的な問

図表4：イノベーションとは

① 社会・顧客の課題解決につながる革新的な手法（技術・アイデア）で新たな価値（製品・サービス）を創造し、

② 社会・顧客への普及・浸透を通じて、

③ ビジネス上の対価（キャッシュ）を獲得する。

一連の活動を「イノベーション」と呼ぶ

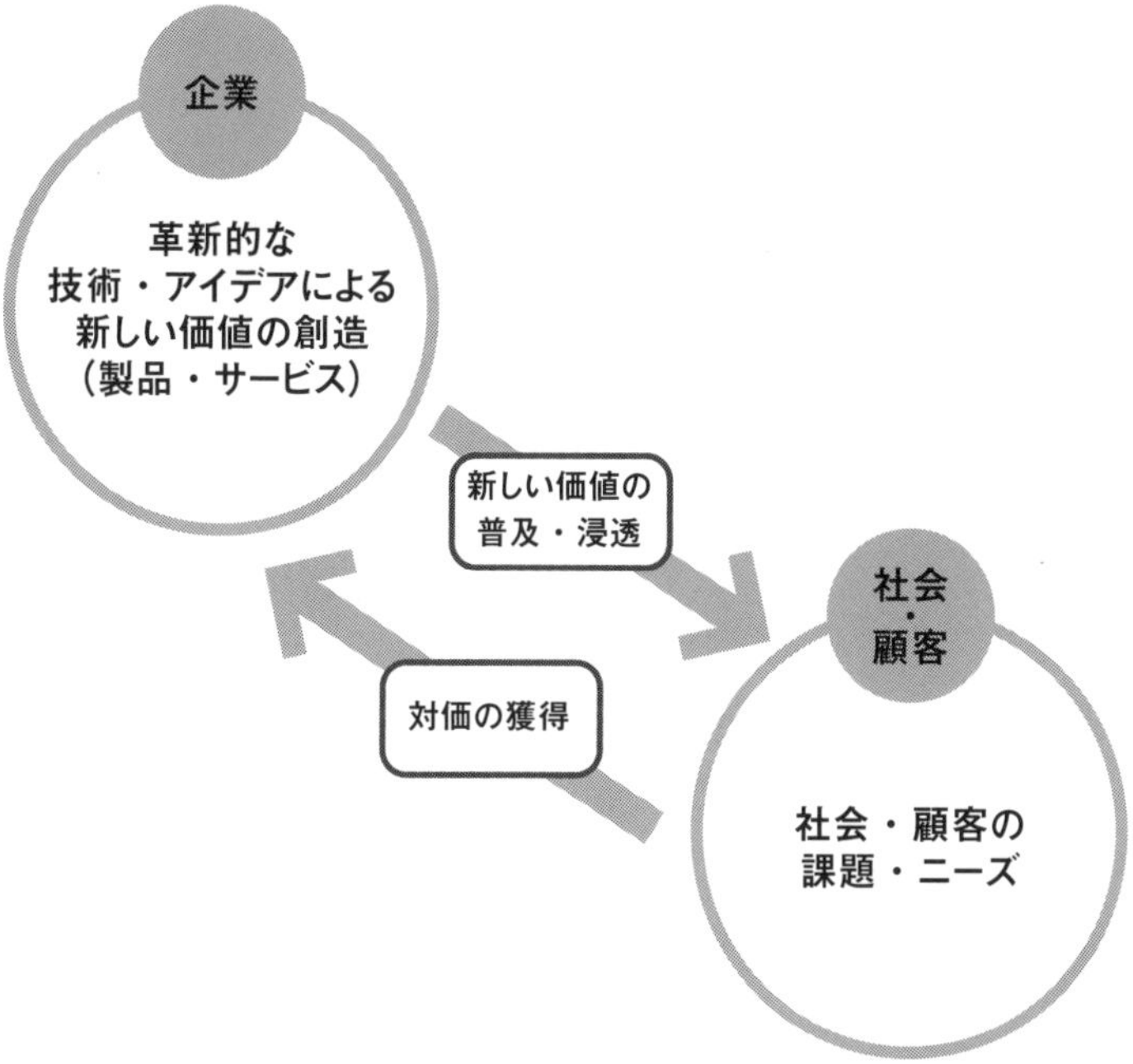

出典：経済産業省
「企業・社会システムレベルでのイノベーション創出環境の評価に関する調査研究」より作成

題があるように思えてなりません。また**「清貧思想」**の弊害なのか、お金を稼ぐための教育が一切なく、したたかにビジネスモデルを構築して、価値のある商品・サービスに対して、胸を張って対価を獲得するのが苦手であることも影響していそうです。

先のイノベーションを完成させるための3つの構成要素が満たされていないことに加えて、**「伝統主義」**にとらわれて現状維持バイアスが働いてしまい、先輩が敷いた**「ルール」**や**「常識」**から外れるのが苦手である、**「村社会」「排他主義」**が邪魔して「共創」するのが苦手である、**「安定志向」**に陥りリスクを正しく見積もって行動するのが苦手である、といった日本人の傾向も関係があるのではないでしょうか。

いずれにしても、これらの問題を克服して、イノベーションの3つの構成要素を満たせない限り、せっかく素晴らしい技術やアイデアを持っていても、社会・顧客の価値に変換することはできません。社会・顧客の価値として浸透しなければ、ダイナミックに対価を獲得することもできず、「ジリ貧」になっていくことは目に見えています。

良いものをつくるだけでは売れず、顧客の課題・ニーズに寄り添った体験価値が求められるようになった現在、イノベーションが生まれずに、「失われた30年」を過ごすことになった原因はここにあります。これが、イノベーション後進国としての日本の現状であり、将来が予測しがたいVUCA時代に入った今、このままでは「40年」「50年」と、失い続けることが心配されます。

日本と海外の知財活用の違い

知財には様々な種類のものがありますが、残念ながら日本ではそれらを適切に活用できてこなかった歴史があります。読者の皆さんの中にも、知財というとどこか近寄りがたく、難しい印象を持たれたり、あまり馴染みがないと感じる方も多いのではないでしょうか。

一方で海外企業の場合は、当初から経営戦略を実現するために多様な知財を自在に組み合わせ、積極的に事業を推進することに長けており、世界に冠たる巨大企業へと成長している企業の共通の特徴でもあります。

その秘訣は、知財をミックスで活用することによって、非常に洗練された**「ファンづくり」**の仕組みを構築することにあります。

アマゾンはまさにそんな企業のひとつです。

書籍のインターネット販売（オンライン書店）から事業をスタートしたアマゾンは、その成長過程で多種多様な商品・サービスを取り扱うようになりました。また、既存のプラットフォームを有効に活用しつつ、徹底して買い物をするユーザに寄り添い、よりユーザが楽になる機能を導入し続けることで他社との差別化を実現していきました。

そこには、特許によって法的権利を獲得し、それを参入障壁にしてダイナミックに稼ぐ〝仕組みづくり〟が戦略として組み込まれています。そのような知財を活用した全社的な仕組みづくりや戦略立案ができるかどうかで、その後の成長は大きく変わっていきます。

アマゾンは確かにEC（Eコマース＝インターネットなどのデジタルチャネルを通じて商品・サービスを販売するビジネス）で革命を起こし、ゆるぎない立場を築いた会社ではありますが、だからといって、既存のビジネスがいつまでも安泰というわけではありません。海外ではナイキやグッチなどのブランドをはじめとして、**「D2C（ダイレクト・トゥ・コンシューマー＝企業が自社のECサイト上で顧客に直接商品・サービスを販売する方式のこと）」**への参入が相次いでいます。その結果、アマゾンに出品するのではなく自分たちで販売する企業も増えています。

そもそもアマゾンは「百貨店」のようなものです。各メーカーの商品を陳列し、特定のブランドの商品を買うことが決まっていない顧客でも、多様な商品の中から気に入った商品が探せ、安価に購入できることがアマゾンの価値です。彼らの経営ビジョンもそのようなものでした。

したがって、ブランド力のある企業は、わざわざアマゾンに出品手数料を支払って出品し、他のブランドに紛れてしまい、差別化が難しくなってしまうのであれば、敢えて自社のシステムに移行するのも自然な流れです。実際、ブランド力のある企業をターゲットに、自社ブランドにロイヤリティのある顧客に特化して商品を届けるためのプラットフォームを提供する「ショッピファイ」のような企業も登場するようになりました。

このように、ECのあり方が変化していく中で、アマゾンは「**AWS**（Amazon Web Services）」というウェブサービスを展開するなど、クラウドビジネスで収益を安定化させています。また、AIなどの先進技術の開発にも余念がなく、Amazon Alexaというバーチャルアシスタント AI技術を活用したスマートスピーカー **Amazon Echo** を製造・販売するなどデバイスメーカーとしての顔も持つようになりました。

これらはすべて、アマゾンが自ら築き上げたECのシステムで十分に稼げている間に、こつこつと蓄積した知財をミックスで有効に活用し、新たな価値創出につなげた結果です。少々古い情報で恐縮ですが、2017年に公表された研究開発（R&D）に多額の費用を投入した世界の上場企業トップ1000社のランキングによると、1位はアマゾンで、161億ドルを投資しています。日本企業の中で断トツ最高額のトヨタ自動車の93億ドルを大きく引き離していることからも、**技術やアイデアが猛烈な勢いで生み出されている**ことが分かります。オンライン書店から小売ビジネスを始めた企業が、わずか20年足らずでトヨタ自動車をはるかにしのぐほどの研究開発を行うようになるとは、誰が想像したでしょうか。

注目しておきたいのは、アマゾンのビジネスモデルの変革の背後にある知財ミックスです。アマゾンは、必ず**ユーザが楽になる機能**を構想し、研究開発の成果である技術やアイデア、アルゴリズム、デザイン、ロゴなど、自社の世界観を体現する多様な知財をミックスで張り巡らせ、顧客価値に変換しているのです。

昔ながらのECのビジネスモデルのみに依存するのではなく、自社のビジョンを大切にしつつも、**世の中のトレンド**を押さえ、**新たな事業展開**をタイムリーに進め、大きな成長を実現しているのです。

アマゾンのように時代の変化に応じて、事業の主体を変更していく姿勢が重要です。イノベーションとは、革新的な技術やアイデアを生み出すだけではなく、事業を通じて、急速に変わりゆく社会・顧客に、その価値を届け続けることだからです。そのときに、強い武器になるのが知財ミックスです。自社の強みとなる知財をミックスで活かしながら、主力事業を転換していくことが、VUCA時代における持続的な成長には欠かせません。そして、世界的に成功している企業は、ほぼ間違いなくそうした姿勢を常に持っています。

その点でいうと、楽天やソフトバンクなどの日本企業も、主力事業とは別に金融や保険などのビジネスに参入するなど、時代の変化を踏まえて、〝**稼ぎ頭**〟**の事業**を移行しています。

そのようにして生き残りをかけて事業をシフトしていくことは重要ですが、そこに確固たる

図表5：研究開発支出の世界上位20社（2017年）

順位	社名	本社所在地	業種
1	アマゾン	北米	ソフトウェア・インターネット
2	アルファベット	北米	ソフトウェア・インターネット
3	インテル	北米	コンピュータ・エレクトロニクス
4	サムスン	その他	コンピュータ・エレクトロニクス
5	フォルクスワーゲン	欧州	自動車
6	マイクロソフト	北米	ソフトウェア・インターネット
7	ロシュ	欧州	ヘルスケア
8	メルク・アンド・カンパニー	北米	ヘルスケア
9	アップル	北米	コンピュータ・エレクトロニクス
10	ノバルティス	欧州	ヘルスケア
11	トヨタ自動車	日本	自動車
12	ジョンソン・エンド・ジョンソン	北米	ヘルスケア
13	ゼネラルモーターズ	北米	自動車
14	ファイザー	北米	ヘルスケア
15	フォード	北米	自動車
16	ダイムラー	欧州	自動車
17	オラクル	北米	ソフトウェア・インターネット
18	シスコ	北米	コンピュータ・エレクトロニクス
19	本田技研工業	日本	自動車
20	フェイスブック	北米	ソフトウェア・インターネット

出典：ITメディアビジネスオンライン「企業の研究開発費ランキング、1位はアマゾン」（2017年10月25日）より作成

ビジョンとそれを体現するための知財ミックスが組み込まれていることが、シフトした先の事業を勝てるビジネスに育て、成長を持続させるうえで不可欠です。

楽天は、**決済システムに関する特許**を数多く取っていることもあり、先の未来を見据えているのかもしれません。すでに同社は「金融会社」と言っても過言ではありません。クレジットカードで自社の経済圏をつくり、楽天ポイントをはじめとする独自の〝通貨〟でユーザを囲い込んでいます。かつてはジャックスやニコスなどが覇者であった分野において、「クレジットカード発行数ナンバーワン」も実現しました。社長の三木谷浩史氏が元銀行員ということもあり、主力事業から金融ビジネスへの発展もイメージしやすかったと予想されます。決済に軸を置いた新たな事業展開を積極的に推進していく姿勢は、日本企業の中でもとくに立派だと思います。

ソフトバンクも、コンピュータソフトからヤフーの検索エンジンを経て、携帯電話事業へとビジネスモデルを変え、挑戦と失敗を繰り返しながらも成長しています。昨今は、**将来有望な企業への投資事業**が経営の柱になっていると見受けられます。もちろん、投資を通じて他社の知財にアクセスしながら自社のビジョンを体現する知財ミックスを確固たるものにできれば、まったく問題ありません。ビジョンが描かれ、**ビジョンを体現する知財**が調和のとれた形でポートフォリオを形成しているかどうかで、未来は大きく変わるでしょう。大切なのはその認識があるかどうかです。

ただ、こうした企業は日本にはまだ少なく、確固たるビジョンに基づいて知財をミックスで張り巡らせ、それらを調和させながらダイナミックに稼ぐ力に変える戦略ができている企業は、決して多いとは言えないのではないでしょうか。

日本企業の慣習である「クロスライセンス」の弊害

日本企業の知財の活用方法について考えるとき、押さえておきたいのが**「クロスライセンス」**です。

日本の企業はとくに、家電・通信機器を中心に、クロスライセンスが取り入れられるケースが散見されます。

クロスライセンスとは、複数の企業が集まり、それぞれが所有する知財を無償もしくは安価で互いに使用できるような仕組みのことです。そして、それに紐づく契約を「クロスライセンス契約」と言います。

また、複数の企業がクロスライセンスのためにコンソーシアム（共同企業体）を結成する場合もあります。

家電メーカーの中にはA社が開発した新製品に似たものを、B社がほぼ同じタイミングで発売するということがあります。身近なところでは、冷蔵庫を例にとってみると、扉の開閉や冷蔵・冷凍などの機能面に多少の違いがあるだけで、別のメーカーでも似たような商品を販売しています。

その他にも、洗濯機やテレビなど、メーカーのロゴを見なければ、どの会社のものか分からないケースも多いかと思います。少なくとも、アップルが開発したMacやiPhoneのような、**一目で明らかにアップルの商品**と分かるような明確な違いは見られません。

その理由は、各社がクロスライセンスを結んでいるためです。

ある大手の家電メーカーAが製品に関する特許を取ると、別の大手メーカーBも同様の製品を開発したいと考え、別の特許を提供してクロスライセンスを交わします。それにより、お互いにそれぞれの特許が使えるようになり、裁判沙汰にならずに済みます。

このような仕組みが活用されているため、相互に似たような製品が開発・販売されているのです。

たしかに、トラブルを未然に防ぎ無駄な裁判コストをかけないという点では良いかもしれませんが、消費者にとっては**「どのメーカーも似たような製品ばかり」**となってしまうわけです。

それであれば、わざわざコストを掛けて大量に特許を取る必要はないかもしれません。それどころか、特許は出願されると公開されますので、武器として使われない特許を持つことで、日本をお手本にしている後進国企業に技術情報が開示され、**真似される環境**をつくり出すことにもなりかねません。結果的に、各メーカーの**競争力を低下**させることにつながってしまいます。

一方で、アップルのようにビジョンが明確でかつ勝てる知財ミックスを巧みに組み込んでいる企業の製品は、一目でその製品がアップルのものであることが分かり、多数の**コアなファン**を獲得することができています。そして知財の権利化は、基本的に自社のビジネスが差別的優位性を獲得するために進めているのであって、そこには訴訟回避を目的に競合相手とクロスライセンスをするという発想はありません。

業界内で似たような製品を生み出している日本企業には、熱狂的なファンを獲得するのは難しいと言わざるを得ません。その先に待っているのは、厳しい価格競争だけです。製品自体の**独自性の高い機能やデザイン、「世界観」**のようなもので差別化ができなければ、最終的には価格しか見てもらえないからです。そうなると、世界規模の大きな成長を実現できないのも当然です。

A社であればA社なりの、B社であればB社なりの世界観を明確に打ち出し、ビジョンや知財ミックスをビジネスモデルに組み込んだ上で、製品開発やプロモーションを一貫して行うべきであり、それが結果的に、価格以外の部分で競争力を実現することになります。

それをせずに、クロスライセンスによって似たような製品ばかり生み出しているのでは、国内はおろか、世界からも後れを取ってしまいます。企業間ではトラブルが避けられるかもしれませんが、消費者からは「ロゴが違うだけ」と思われてしまい、長い目で見たときの競争力や企業価値にはつながらないのです。

自社のビジョンを体現する観点から、より知財をミックスで組み合わせて、ダイナミックに稼ぎ、**勝てるビジョンとビジネス戦略**を組み立てていかなければ、日本企業の競争力は低下していく一方でしょう。

もちろんこれは家電だけでなく、あらゆる分野の製品・サービスにも言えることです。日本ならではの村社会の慣習に甘んじることなく、いかに自社の世界観を打ち出しながらビジョン経営や知財ミックスを実践し、差別化していけるかが、日本企業の未来を左右するのです。

特許は「独占的排他権」から「経営のツール」の時代へ

知財ミックスを考える上で、ぜひ参考にしたいのが「アップルが手掛けるホテル」についてです。オースティンの地元メディア「culturemap AUSTIN」によると、同社はテキサス州・

オースティンに建設中の新社屋内にて、**同社初となるホテルの開業**を計画しているそうです。

その特徴は、会社とホテルがつながっていること。アップルのようなビジョンが明確であり、世界中にファンを抱える企業には、膨大な数の人の往来があります。加えて、同社が持つブランド力は、ホテル事業においてもプラスに働くと考えられます。

計画としては、再生可能エネルギー１００％での稼働を目指しており、太陽光パネルの活用、さらには緑地化なども含めて同社のテクノロジーを活用するということです。これにより、ホテルという新規事業においてもアップルのブランド力とプレゼンス（存在感）をさらに高めることができるでしょう。

そして何より重要な点は、ホテル経営がアップルの**「人の五感を包み込む」**というビジョンの中に違和感なく収まっていることです。Apple Vision Pro や Apple Watch、AirPods などのウェアラブル商品は、それらを24時間３６５日装着してもらうことで、ファンであるユーザに、自身の五感をアップルに委ねさせ、生体データや行動データをアップルに提供させることになります。

五感に寄り添ってファンの日常を丸ごと包み込むアップルがホテルを経営し、AppleTV、HomePod が標準装備されたロビーや客室などの空間を提供して、アップルのウェアラブルを装着した**ファンと五感でつながり、徹底した心地よさを提供する**としても、アップルの世界観として何ら違和感がないわけです。

同様の事例として、アマゾンが手掛けるマンション（Alexa for Residential）も面白い取り組みだと思います。

同社はＡＩ音声アシスタントであるAmazon Alexaを手掛けており、蓄積されたデータもあるため、スマートスピーカーの活用やＡＩ活用による居住者及び管理会社向けのサービスなど、幅広い発展性が見込めます。

こうした**「スマートホーム」**への参入は、海外をはじめとする不動産各社が乗り出しているものの、アマゾンというまったく異なる事業を展開してきた企業が参入することで、新しいイノベーションが生まれる可能性があります。

こうした新規事業の背景には、既存の主力事業での膨大な知財の蓄積があります。アップルのブランド力や技術力、顧客ネットワークもそうですが、アマゾンが蓄積してきた取引データなどは、今後の事業展開に大いに活用できる知財の一部となります。製品やサービスを販売するだけでなく、その過程で**培われてきた知財を次の事業で応用する**ことが、さらなる発展を生み出すのです。

既存の顧客データは、ＥＣビジネスで収集された取引や決済関係のものが中心になると思われますが、マンションなどの不動産へ参入することで、今後は個々人の居住空間でも必要なデータが収集されていきます。顧客に生活してもらうことであらゆる生活データを収集する代わりに、**賃料をディスカウントする**という考え方も非常に斬新であり、アマゾンらしいところです。「顧客がオンラインであらゆるものを簡単に発掘し、最大限低価格で得られる世界をつくる」というビジョンが息づいています。

社会のデジタル化が進み、家電や自動車などの「モノ」をインターネットに接続するIoT(Internet of Things)の導入によって、独自の空間をカスタマイズしながら、より良い価値提案も可能となるでしょう。

このように、主力事業で獲得した知財を様々なかたちでミックスさせながら、**豊かな発想で次の事業を模索**していくこと。そして、その事業の実現に貢献する**研究開発に集中的に投資**すること。そこには当然、挑戦が必要ですが、それをするためのビジョンと戦略があれば、持続的にイノベーションを起こし続けることも可能です。

少なくとも、アップルやアマゾンのように、〝種〟を蒔き続けることが大切です。真面目で優秀な人材をたくさん抱えている日本企業に、欠けていたものはこのような姿勢ではないでしょうか。

GAFAMの各社はもとより、FANG+のネットフリックスやテスラなど、それぞれの主力事業で成功を収めてきた海外企業は、こうした知財ミックスの発想から、常に〝次〟を見据えているはずです。

日本企業のほとんどはそうした姿勢が乏しいように思えてなりません。その場合、さらなる競争力の低下を招いてしまう可能性があります。日本にもスタートアップを中心に、海外企業のように独自の世界観を打ち出そうとしているケースはもちろんあり、それ自体は立派なことです。ただ、その裏側に**あるべきビジョンや打ち出すべき世界観と知財ミックス**がなければ、トータルとしての優れた戦略にはなりません。

日本の企業は、豊かに持っている技術やアイデアなどの知財を経営のツールとして活かす発想を持つ必要があります。そのうえで目指す世界観を明確にしておくことです。その世界観は、ブランド、デザインが提供する顧客の体験価値であり、これを体現する知財を組み合わせ、価値に変換する仕組みにしていく必要があります。

フェイスブックは、人と人とをつなげることに着目し続けています。マーク・ザッカーバーグ氏は、そのビジョンを中心に掲げつつ、今後はメタバースを主軸に事業展開することを宣言しています。すでに世界中で親しまれている社名まで「メタ」に変更していることから、同社の本気度が窺えます。**大切にしている経営ビジョン**と、それを体現する**ツールとしての知財の活用**を前提にしているからこそ、こうした思い切った改革ができるのです。

人と人とがつながるところには、同社の技術やアイデアなどの知財がたくさん張り巡らされているのを、ぜひ皆さんも発見してみてください。

日本には期待できるスタートアップが少ない現状

海外には、ビジョン経営とそれを体現する知財ミックスによって世界的な企業へと成長を遂げた会社もさることながら、将来有望なスタートアップが新たに次々と生み出されています。そこに、海外と日本の産業の成長余力の大きな違いがあります。

イーロン・マスク氏が率いる米国のテスラは、電気自動車（EV）の販売において、すでに世界中で知られる存在となりました。自動車の分野では後発のスタートアップでありながら、環境問題を背景にした課題解決に取り組む中で、**明確なビジョンをもとに新規事業を推進**し、多くの支持を得て成長を実現しています。

テスラが掲げる「人類が化石燃料利用に依存した経済から脱却するために電気自動車を世界中で販売する」といった方針は非常に明確であり、イーロン・マスク氏が発するメッセージには、いつもスタートアップ起業家らしいビジョンがあります。そして、その実現に必要となる技術、ブランド、デザインなどの知財の創出に余念がなく、これらをミックスしながら愚直にビジネス戦略を実行しています。

情勢の変化による株価の上下はあるものの、日本における既存の自動車会社よりはるかに高い成長率を実現していることを考えれば、その戦略性と実行力が窺えます。

かつてはアメリカの西海岸でトヨタや日産の自動車をよく見かけましたが、今はテスラがマーケットを占めている状況となっています。日本にいるとテスラの勢いは見えづらいですが、日本やドイツの既存の自動車メーカーをしのぎ、世界の自動車業界のマップを塗り替える可能性は十分にありそうです。

世界の有望な新興企業に目を向けてみると、〝ポストアマゾン〟と称されるほどのポテンシャルを秘めた定額課金型のＥＣプラットフォーム**「ショッピファイ」**や、ファイナンスの民主化を目指して個人投資家向けの証券売買アプリを提供する**「ロビンフッド」**、さらには世界の食料状況に着目した代替肉ビジネスを展開する**「インポッシブル・フーズ」**など、社会にインパクトを与えるようなスタートアップが毎年多数輩出されています。

日本でもスタートアップは着実に増えており、岸田政権の「新しい資本主義」により、政府の後押しも強化されています。ただ、現在のところはまだ、ユニコーン企業は少なく、ＶＵＣＡ時代を力強く生き残り、これから先の世界を変えてしまうほどの勢いのある新興企業がなかなか見当たらないのが実情です。

それを政治や社会情勢の問題にするのではなく、産業界全体の課題、そして会社や個人の課題として捉えることが大切です。自社内だけでは難しいことであってもそこで諦めるのではなく、世界に目を向けて有望なスタートアップと組めばできることを模索していくことも視野に入れたいものです。そこに、自社と相手方の知財をミックスさせることを忘れてはなりません。

代替肉ビジネスを展開するインポッシブル・フーズには**「サステナブルな食の提供」**という壮大なビジョンがあり、環境問題等の世界的な課題を背景としています。大企業の中には、こうした世界規模の課題に立ち向かうべく、ビジョンを高らかに掲げているスタートアップと、お互いの知財をミックスさせて協調する姿勢を持つことで、見事にV字回復した企業もあります。

例えば、マイクロソフトはかつてWindowsによって世界を席巻したＩＴ企業でしたが、ＰＣというデバイスに拘るあまり２０００～２０１０年代はスマホとクラウドの時代に後れを取り、業績は低迷していました。しかし、ＣＥＯがサティア・ナデラ氏に交代してからは創業者のビル・ゲイツ氏のビジョンを大切にしつつも、時代に合わせてビジネス方針の転換を図りました。次々と出資先のスタートアップの潜在力を効果的に引き出して自社の知財ポートフォリオに組み込むことに成功し、**資産総額で史上最高額**をたたき出したのです。昨今は読者の皆さんであればご存知の通り、ＯｐｅｎＡＩというスタートアップの人工知能チャットボット

ChatGPTの知財が見事にマイクロソフトのビジネスモデルに貢献し、世界を席巻しています。なんと、ChatGPTが世界に普及することでMicrosoft Azureという独自のクラウドプラットフォームの利用が広がるように、ビジネスモデルが設計されているのです。そういう力強さがあるかどうかが、日本と世界の違いと言えます。その違いを生むのが、知財ミックスであり、ビジョン経営なのです。

フェイスブックも戦略的にスタートアップの知財を活用して事業を展開しています。リアル空間からメタバースへと移行しても、マーク・ザッカーバーグ氏の明確で揺るがない「人と人をつなげる」というビジョンをもとに事業を推進しています。事業を立てて収益化していくために、VRハードウェア及びソフトウェアを開発するスタートアップのOculusを買収し、今ではエンジニアの半分以上がVRの研究開発を行うなど、数兆円規模の投資を行っていると言われています。

同社はリアル空間にとどまらず、メタバース空間とのハイブリッドでアンテナを張って、スタートアップと協調しながらビジネスチャンスを模索しています。

明確なビジョンがあり、届けたい価値があり、そのために新たなビジネスモデルをつくり、それに必要となる多様な知財を張り巡らせるという〝逆算〟の視点で、他社の先進テクノロジーやデザインを探索していきます。そうした方法でビジネスモデルを築き上げていくと、その企業ならではの一貫した世界観を表現することができます。そのような攻めの経営を日本企業ができるかどうかが問われています。

ビジョンがない会社は、目的ではなく手段によって経営を行っているようなものです。そのために確固たるものがなく、ブランドとしての価値も高まっていきません。その結果、質の良いスタートアップと出会い、対等に会話したり、価値観を共有しながら創り出したい未来について語り合ったりすることもできないでしょう。

ビジョン経営とそれに伴う知財ミックスに基づいて、有望なスタートアップを引き込みながら自社の知財ポートフォリオを増強し続ける攻めの姿勢が、会社の将来を左右する重要な要素となります。そうした認識が欠けていることが、企業のポテンシャルを下げる要因になります。ファンに届ける価値がつくれないため、ファンの熱狂を生み出すこともできなければ、従業員に対する「インナーブランド」を確立することもできません。それが社員のエンゲージメント（愛社精神）にも関係し、ひいては業績に影響することは言うまでもありません。

これからは知財をミックスでマネジメントする時代に

新型コロナウイルスの世界的な蔓延を経て、ますます混沌としたVUCA時代へと移行しつつある現代では、デジタル化、グローバル化、ガバナンス／サステナビリティなくして企業活動は成り立ちません。

これまで見てきたように、**技術やノウハウ**、**デザイン**、**サービス名称**に加えて、**音楽・映像**、**キャラクター・アート**、**プログラム**などにまで範囲を広げ、全社で活用しうるあらゆる知財をミックスし、ポートフォリオ化していくことが求められます。

その上で、経営戦略を構成する**事業**、**マーケティング**、**資金調達**、**デジタル**、**ブランド**、**法務**の6つの戦略が統合的に機能して初めて、企業の持続可能な成長に資する新規事業が実現すると私は考えています。

その前提として、知財への意識があることはもちろん、自社の強みとなる知財を適切に見つけ、目指すべきポートフォリオを描くことが不可欠です。そのうえで、不足している知財があれば、新しい時代を見越して知財をつくれるかどうかが問われているとも言えるでしょう。知

図表6：知財ミックスと6つの戦略

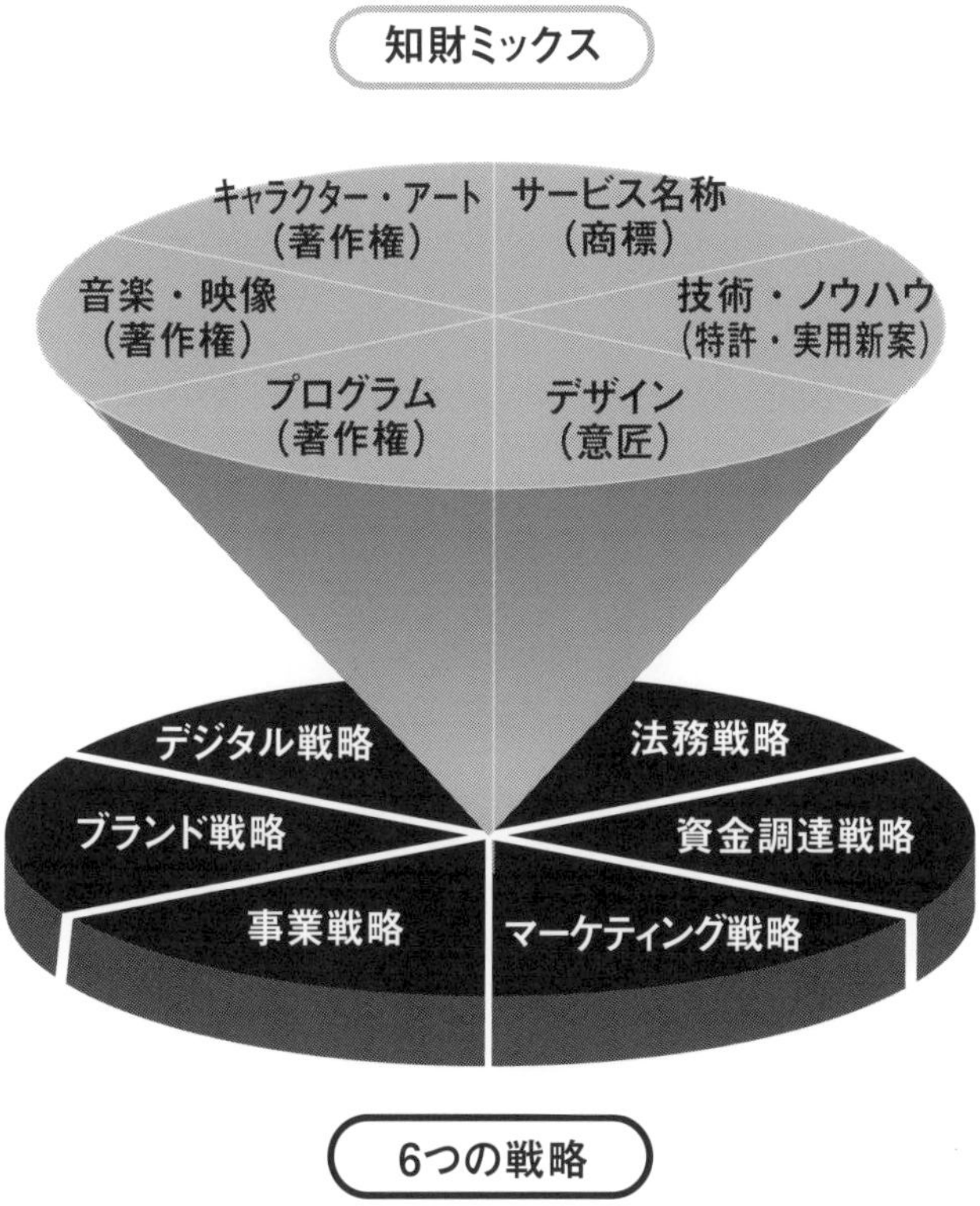

財をミックスで張り巡らせながら、自分たちのブランドを確立している会社が、これからは生き残っていきます。

日本の製造業はとくに、特許権によって権利化された技術やノウハウに偏りすぎてしまう傾向にあるようです。会社の中の知財部も、基本的には特許実務を扱っている部署と認識されていることが少なくありません。それだと、なかなかうまくいきません。昔のように良いものをつくれば売れる時代ではないからです。

技術はどんどん**コモディティ化（一般化）**し、陳腐化していきますので、その一本足打法では、世界観を確立し成長させるためのマネジメントができなくなり、持続的な成長は難しくなる一方です。

アップルは、自分たちの企業ブランドが明確にあり、かつその世界観が提示されています。**「人の五感を包み込む」**というビジョンを体現するために、いわゆるＩｏＴ関連のデバイスを軸とした技術やノウハウがあり、デザインがあり、それらを製品のインターフェースで表現しながら人々の五感を包み込んでいます。iPhoneなどのデバイスは、手に持った時の重量感や質感についても入念に設計されており、ファンを虜にするようなデザインが施されています。

ちなみに、皆さんはiPhoneの画面を素早く指でフリックすると、画面全体が少し行き過ぎた後に定位置に戻る仕様になっているのに気づかれたでしょうか。

こうした細かい動作まで、人がデバイスを使用するときの感覚を研究し尽くし、**使い心地の良さを追求しているの**がアップルの発想であり、そこには多様な知財がミックスで張り巡らされています。

AirPodsなどのアクセサリー製品も、耳につけておけば、iPhoneやiPadにつなぐだけでいつでも音楽や動画を楽しめます。ノイズキャンセリング機能がありながら、人との会話のための集音機能も備えています。もちろんマイクも内蔵されています。そのため、生活の中に自然と溶け込んでいるのです。これから先、アップルのコアユーザを中心に、同社の製品を常に身につけながら生活する人が増えていくのではないでしょうか。まさに、「人の五感を包み込む」というビジョンが着々と実現されつつあるというわけです。

その背景には、特許権、商標権、意匠権などの権利が絡んでいることも忘れてはなりません。パッケージ、アクセサリー、ロゴマークなどにおいて、すべての知財が**一糸乱れることなく調和しながらアップルの世界観を表現**しており、どれひとつとってもアップルのブランドに違和感をもたらすものはないのです。

その結果、ユーザの五感を包み込むという類まれなビジョンが実現できており、かつ世界中でファンを増やし続けています。

これこそ、日本企業が目指すべき知財ミックスのお手本です。努力が垣間見えるメーカーもありますが、知財ミックスを意識していないか、あるいは徹底できていないために、アップルのような強力な世界ブランドの醸成には到達できていないのが実情です。

アマゾンにも同様のことが言えます。

ＥＣサイトは数多く存在していますが、その中でもアマゾンは確固たる地位を築いています。その理由は多岐にわたりますが、一例を挙げると、翌日には家に届くという**驚異的にスピーディな配送**が挙げられます。今でこそ、消費者の私たちは慣れてきてしまいましたが、最初はどんな時間帯に注文しても、翌日には必ず配送されることに驚いたことを覚えておられるのではないでしょうか。そこにはアマゾンならではの知財活用があります。

アマゾンは**「予測出荷システム」**という、配送時間を短縮する技術を特許で押さえているのです。「予測出荷システム」とは、購入者が何を買うのかを購入履歴から早めに予測して、あらかじめその人が住んでいるところの近くや中間地点に商品を配備しておく仕組みです。まさに、リアル店舗との競争を勝ち抜いていくために、同社が戦略的に取得した特許と言えるでしょう。

また、すでに**「ワンクリック購入」**に関する特許も取得しています。通常のＥＣサイトであれば、購入する商品をカートに入れてからクレジットカードの情報や本人情報を照合し、買い物が成立します。その手続きを、同社は**ワンクリックで購入・決済が完了**できる仕組みとして特許を取得したのです。導入当初は、カード会社をはじめとする業界関係者からも「危険性が高い」「なりすましの温床になる」などの反発があったのですが、消費者にとって便利なことは確かです。そのために仕組みとしても認められ、今ではとくに大きな問題になることなく使われています。

このように、アマゾンならではの知財ミックスを見ていくと、同社が世界中の人から選ばれている理由が分かります。他のＥＣサイトとは視点が明らかに違いますし、またリアル店舗とも異なるユーザ目線のサービスを抜かりなく提供しています。

最適な物がすぐに見つかる、少ない手間で買える、翌日には家に届くなど、ユーザが買い物に求める構成要素を分解し、それらの構成要素ごとに勝てる特許を取得していけば、どんなＥＣ企業であっても、アマゾンのように市場を制覇することが可能なわけです。

必要なのは、自分たちが会社としてどういうビジョンを持ち、どういうブランドをつくっていきたいのかということ。そしてそのブランドを体現するために、技術やアイデア、デザインをはじめとする知財をどうつくり上げ、世界観を表現していくのかを戦略として明確にすることなのです。

そこで次章からは、知財ミックスの核となる知財とはなにかを、掘り下げて見ていきましょう。

第2章

ミックスする「知財」を正しく知る

知的財産とはなにか？

第2章では、あらためて**「知的財産」**についてフォーカスし、その内容について詳しく解説していきます。

すでにご紹介してきた通り、知財とは、技術・ノウハウ、デザイン、音楽・映像、キャラクター・アート、サービス名称をはじめとした、各企業が持っている「無形資産」のことです。これらを活用し、デジタル化、グローバル化、あるいはガバナンス／サステナビリティを実現していくことが、目まぐるしく環境が変化するVUCA時代の社会では不可欠となります。

とくに重要なのが、保有している多様な知財を〝ミックス〟させること。全社で活用できるあらゆる知財をミックスしてポートフォリオ化し、事業、マーケティング、資金調達、デジタル、ブランド、法務などの戦略を統合的に機能させて初めて、企業の持続可能な成長に資するマネジメントが実現します。

では、具体的に会社の中のどのようなものが知財になり得るのでしょうか。これには、知財を権利として捉えた「知的財産権（知財権）」を規定している法律とともに解説していくと分

図表7：知的財産権の種類

知的創造物についての権利等	特許権（特許法）	・発明を保護 ・出願から20年（一部25年に延長）
	実用新案権（実用新案法）	・物品の形状等の考案を保護 ・出願から10年
	意匠権（意匠法）	・物品、建築物、画像のデザインを保護 ・出願から25年
	著作権（著作権法）	・文芸、学術、美術、音楽、プログラム等の精神的作品を保護 ・死後70年（法人は公表後70年、映画は公表後70年）
	回路配置利用権（半導体集積回路の回路配置に関する法律）	・半導体集積回路の回路配置の利用を保護 ・登録から10年
	育成者権（種苗法）	・植物の新品種を保護 ・登録から25年（樹木30年）
	（技術上、営業上の情報） 営業秘密（不正競争防止法）	・ノウハウや顧客リストの盗用など不正競争行為を規制
営業上の標識についての権利等	商標権（商標法）	・消費・サービスに使用するマークを保護 ・登録から10年（更新あり）
	商号（商法）	・商号を保護
	商品等表示（不正競争防止法）	・周知・著名な商標等の不正使用を規制
	地理的表示（GI）（特定農林水産物の名称の保護に関する法律） 地理的表示（GI）（酒税の保全及び酒類業組合等に関する法律）	・品質、社会的評価その他の確立した特性が産地と結びついている産品の名称を保護

産業財産権=特許庁所管

出典：特許庁「知的財産権について」より作成

かりやすいでしょう。

最もイメージしやすいのは、「特許権」です。特許権をはじめとして、特許庁が所轄する「産業財産権」には次のようなものがあります。

・特許権

特許法によって規定されている、**産業上利用可能な発明を保護するための権利**です。発明とは、自然法則を利用した技術的思想の創作のうち、新規かつ高度のものをいいます。特許発明とは特許されている発明をいいます。特許権を取得すると、自身の特許発明の実施を独占できると共に、第三者が無断でその特許発明を実施していればそれを排除することができます。

例）通信の高速化、携帯電話の通信方式に関する発明

・実用新案権

実用新案法によって規定されている**物品の形状、構造または組み合わせに係る考案を保護するための権利**です。考案とは、自然法則を利用した技術的思想の創作をいいますが、発明と違って高度であることを必要としません。登録実用新案とは実用新案登録を受けている考案

をいいます。

例）携帯性を向上させたベルトに取付け可能なスマートフォンカバーの形状に関する考案

・意匠権

意匠法によって規定されている**工業デザインを守る権利**です。独創的で美感を有する物品の形状、模様、色彩等のデザインを保護します。時折、著作権のように何もしなくても権利が発生するものと思われていることがありますが、特許庁にきちんと出願し、審査を受け、登録されてから初めて認められるものです。特許庁の審査を経て意匠公報で公開されるので、所在や内容が明らかな権利です。

例）美しく握りやすい曲面が施されたスマートフォンのデザイン

・商標権

商標法によって規定されている**商品又はサービスについて使用するマーク（文字、図形など）に対して与えられる権利**です。その効力は同一の商標・指定商品等だけでなく、類似する範囲にも及びます。商標として保護されるのは、文字、図形、記号のほか、立体的形状や音等も含まれます。権利の存続期間は10年ですが、存続期間は申請により更新することができます。

例）電話機メーカーが自社製品を他社製品と区別するために製品などに表示するマーク

これらの産業財産権の利用形態については、特許庁では以下のように説明されています。

〈利用形態の例〉

● 新しい技術、新しいデザイン、ネーミングやロゴマークなどを、自社製品・サービスに独占的に使用する（類似の技術、デザイン、ネーミングやロゴマークなどを使用する他社を排除する）

● 他者に産業財産権自体を移転する（売却・譲渡等）

いずれの知財権も、現状ではユニバーサルでないのが悩ましいところですが、特許については、グローバリズムに対応しようとする動きもあります。いわゆる「パリ条約」の加盟国に開かれたものとして**「特許協力条約（PCT）」**が用意されています。

PCTは、国際特許出願を提出するかたちとなります。締約国の居住者や国民であれば、国内の特許庁か、あるいはジュネーブの**「WIPO（世界知的所有権機関）」**に出願をすることができます。このように、国際的に効力を持つ仕組みが出てきているのです。

ＷＩＰＯのホームページでは、次のようにＰＣＴの利点が紹介されています。

（ｉ）出願人は、外国における保護の必要性についての再検討、各国における現地特許代理人の選任、必要とされる翻訳の準備、及び国内手数料の支払いのために、ＰＣＴを選択しなかった場合に比してさらに18ヶ月に及ぶ猶予を得ることができます。ＰＣＴに規定される様式によって国際出願を行えば、指定官庁における国内段階の出願手続きにおいて方式的な理由で出願が拒絶されることがありません。国際調査報告書及び書面による見解を基礎にして、出願人の発明の特許性についての評価を妥当な範囲で行うことができます。出願人は、指定官庁による手続きの前に、国際予備審査の過程で国際出願の補正を行うことができます。

（ii）国際調査報告、書面による見解、及び、場合によって国際予備審査報告書が国際出願に付されることにより、特許庁における調査及び審査の業務が大幅に軽減され又は実質的になくなります。

（iii）全ての国際出願が国際調査報告書と共に公開されることによって、第三者にとっては、請求された発明の特許性についての根拠ある見解を得る上で有利になります。

それぞれの国での手続きが必要になりますが、世界の機関から認められた特許があれば、各国の裁判でも有利になる可能性があります。もちろん、国際情勢が絡んでくることもあり、難しい問題をはらんではいますが、少なくとも日本企業も世界で戦える体制を整えておくべきでしょう。

とくに日本人は争うのが苦手なこともあり、裁判も避ける傾向があります。国内ではそれでも良いかもしれませんが、世界で戦っていこうとするならば、事前になんらかの対策を打っておかないと、いざ裁判になっても勝てません。**世界を戦場にブランドを構築することを目指し、然るべき手続きを踏んで法的なサポートを得ておく**ことが大切です。

その他、文化庁が管轄する「著作権」や、農林水産省に提出する「育成者権」や「地理的表示」、さらには法務省が管轄する「商号」など、様々な知財に関する権利が挙げられます。

・著作権

著作権法によって規定されている**作品を創作した者が有する権利**、また**作品がどう使われるかを決めることができる権利**です。作者の思想や感情が表現された文芸・学術・美術・音楽などの形で作品として表現したものを著作物といい、創作した者を著作者といいます。自分の考えや気持ちを作品として表現したものを著作者の努力に報いることで、文化が発展することを目的としています。

例）イラストや漫画、絵本などの制作物に登場するキャラクターの図柄

・回路配置利用権

半導体回路配置保護法によって規定されている**半導体集積回路の回路配置についてその創作者等に認められる権利**です。半導体集積回路の回路素子や導線の配置パターン（回路配置）の適正利用を図ることで、半導体集積回路の開発を促進し、経済発展に寄与することを目的としています。

例）図面または写真に記載または表された回路配置について、電子計算機による設計仕様を表した表面をマイクロフィルムに複写したもの

・育成者権

種苗法によって規定されている**植物の新たな品種（花や農産物等）の育成をした者が有する権利**です。その新品種を登録することで、登録品種等（登録品種及び当該登録品種と特性により明確に区別されない品種）を業として利用する権利（育成者権）を専有することができます。種苗法における育成者権は、アジアなどにおける海賊版農産物が大きな問題になっています。

例）北海道が育成したいんげん豆「雪手亡」、栃木県が育成したいちご「とちおとめ」

・地理的表示

地理的表示法（GI法）によって規定されている**商品の原産地を特定する表示**のことです。農林水産物・食品等の名称で、その名称から当該産品の産地を特定でき、産品の品質等の確立した特性が当該産地と結び付いているということを特定できる名称の表示をいいます。

例）あおもりカシス（青森県青森市、平内町、今別町、蓬田村、外ヶ浜町）、但馬牛（兵庫県内）、神戸ビーフ（兵庫県内）、夕張メロン（北海道夕張市）

・商品表示・商品形態

意匠法、不正競争防止法、商標法、著作権法などの複数の法律で規定されている**氏名、商号、商標、標章、商品の容器若しくは包装その他の商品又は営業を表示するもの**のことです。一般的には、①当該商品の形態が他の同種商品と識別しうる程度の特徴を有し（識別性）、②長期間継続して独占的に使用されているか、短期間でも強力な広報・宣伝などにより当該商品形態が特定者の商品であることを示す表示に至っている場合（周知性）にその要件を満たしているとされます。

例）加工食品の表示（名称、保存の方法、消費期限又は賞味期限、原材料名、添加物、原料

原産地名、内容量又は固形量及び内容総量、栄養成分の量及び熱量等）

・商号

商法、会社法及び商業登記法等で規定されている**個人事業主や会社が営業を行う際、自己表示するために使用する名称**のことです。

例）「○○商店」「△△事務所」

所管官庁が分かれていることもあり、日本の企業ではこれらが経営視点でトータルにマネジメントされていないケースが大半です。知財部が設置されている企業でも、実際に知財部が主体的に管理しているのは特許、実用新案であって、意匠、デザインはデザイン部、商号、商標、ロゴデザインは広報部やマーケティング部、著作権は法務部やライセンス部というように**部門ごとにバラバラに管理**されていることも少なくありません。そうなると、お互いの所掌範囲があり、**部門間の縦割り**が働いてしまう結果、知財ミックスが実現しにくくなります。

これまで述べてきたとおり、GAFAMに代表される世界企業が、高らかに掲げたビジョンを体現するための知財ミックスを実現していることを考えると、**経営視点でのトータルマネジメント**が欠けている企業がVUCA時代の厳しい競争を勝ち抜いていくことは難しいと予想されます。アップルに見たように、あらゆる知財を駆動させ自社のブランドを浸透させることで、統一した世界観でファンを包み込むことができなくなるからです。

食品や農林水産に関わるビジネスをしている人にとっては、育成者権や地理的表示などの知財ミックスが重要になります。とくに育成者権に関しては、現場の努力によって開発された米や野菜、果物などのブランドが、保護されずに海外へと流出してしまうことがあります。「シャインマスカット」はまさにその典型例です。国内で開発したり育てたりしたものが海外に流出してしまうことによって、**数百億円規模の損失**が発生するケースもあります。このような事例を踏まえると、ビジネスにおいていかに知財を権利化しておくことが重要なのかイメージできるかと思います。

ただし、単純に登録によって権利を保護するだけでは知財ミックスを実現していることにはなりません。ビジネス全体を包含するビジョンを立て、そのビジョンを体現する知財の重要性を認識し、積極的に活用していくことが重要です。それも、特定の知財だけを重視するのではなく、複数のものをミックスさせるという発想が求められるのです。

外部の知見も活用しながら戦略を組み立てていく

実際に企業で知財を活用していく場合、内容が複雑かつ専門的な部分も多いため、外部の知見に頼ることが適切な場合もあります。

例えば、著作権に代表されるキャラクターをライセンスで商品展開する場合も、各メーカーを束ねる**ライセンスエージェント**を通じて権利を保護していくケースが主流の業界もあります。子ども向けのキャラクターであれば、文具や雑貨、バッグなどの商品のメーカーに派生的に広く展開する場合、ライセンス収入の一部をライセンスエージェントに支払って、各業界にリーチするといった仕組みがイメージしやすいでしょう。

知財に関するライセンスエージェントは昔から存在していたのですが、これからの時代は、一部の知財を切り出して、マーケットの探索からエージェントに任せっぱなしにするのでは不十分です。VUCA時代を生き抜くのであれば、会社としてのビジョンを体現するために必要な知財を識別し、経営視点でブランド価値を高めていくことが求められるからです。

そのためには、企業がどのようなビジョンを持ち、どんな価値を社会や顧客に提供していきたいのかを前提に、**知財の活用方法を俯瞰的にデザイン**したうえで、ライセンスを展開するなど、できることはたくさんあります。

その際に、せっかく良い知財を生み出しても、それを市場に出していく方法が分からなかったり、うまくマッチングできなかったりするために、ブランド価値を高められないケースがあります。そのような悩みを解決するために、ともに**経営視点でブランド戦略から考え、トータ**

ルで知財活用をサポートしてくれる、ライセンスエージェントの力を借りる発想が求められます。

こうしたブランド戦略の支援機能を持ったライセンスエージェントは、西欧では以前から存在しており、企業がブランド戦略を実行に移すのに広く活用されています。例えば、フェラーリは世界的に有名なイタリアの高級スポーツカーのメーカーですが、そのロゴが付いたジャンパーや帽子、靴など、関連するグッズが販売されています。フェラーリの車は持っていなくても、それらの商品を好んで身に着けている人もいることでしょう。そこには、トレードマークである「フェラーリ・レッド」と呼ばれる朱色に似た独特の赤を基調とし、そこに鮮やかな黄色のロゴマークが使われています。

もし、そのロゴが適切に管理されていないと、自由に改変して使われ、大元のフェラーリ自体のブランド価値を毀損させることになりかねません。そのために、社内のブランドマネージャーをはじめとする人々が、ライセンスエージェントと連携してフェラーリとしてのブランド価値を高めるための企画を行い、戦略を立てながらライセンス展開しています。

しかし日本企業には、社内にそのような発想で知財を束ねながら、ブランド管理を行える人が非常に少ないのが実態です。そのような場合、ビジョン経営の観点から、より大きな視野で戦略的に知財でブランド価値を高めていけるエージェントが必要となります。

私が経営するコンサルティング会社「テックコンシリエ」を少しご紹介させていただくと、ブランド戦略の支援機能を持ったライセンスエージェントとして、企業のブランド戦略に精通し、社内のブランドマネージャーの支援を行っています。また単にライセンシーを探索して束ねるだけでなく、**ブランド価値を高めるための知財のトータルマネジメント**の推進を積極的にサポートしています。

トータルマネジメントとは、特許権、商標権、意匠権などの従来の産業財産権にフォーカスするのではなく、音やデザイン、コンテンツ、データまでをも含めてファンをつくり出すことを目指して知財ミックスを実践することです。

ファンをつくり、ファンを育てていくために、経営が掲げるビジョンに沿って、知財の観点から世界観を打ち出していく仕掛けが求められます。優れた知財を有している企業は、まずは自社が成し遂げたいビジョンからスタートして「自分たちが体現したいブランド価値とは何だろう」と考えながら、**ビジネスを通じてコアになるファンの人たちをワクワクさせ続けること**が大切です。そのための施策を積み重ねていけば、独自の地位を確立することも可能となるでしょう。

日本にも技術やアイデアですでに強みを持っている企業はたくさんあり、特許であれば日本にも多数の蓄積があります。アップルと同様に、そこを起点としながら、**ファンを虜にする魅**

力的なデザインなど、他の知財を組み合わせて、戦略的な活用によってブランド力を向上させることができれば、ファンの拡大や影響力の増大にも貢献することができるでしょう。

そのためには、知財に加えて**業界や市場への理解と未来を見通す洞察**が欠かせません。

新規事業創出に求められる「先読み」とは

知財ミックスを実践するうえで重視したいのは**「未来の先読み」**という発想です。

とくに、知財を軸とした新規事業の創出を検討している場合は、その先にある未来を先読みして、戦略的にポートフォリオを構築していくことが求められます。

このような未来から逆算する発想を**「バックキャスティング」**と言います。

日本の技術開発や製品開発の現場には、このバックキャスティングの発想が不足していると思われます。自社が保有している技術やノウハウを軸に「それらをどう活用すればビジネスにできるか」という**「フォアキャスティング」**の発想が主流になっているのです。

例えば、大手の自動車会社には、これまでに培われてきたエンジンの製造技術、燃費向上や小型・軽量化などの改善・改良方法、耐久性や消音性を高める周辺技術など、様々な技術やノ

図表8：バックキャスティングとフォアキャスティングの接合順序

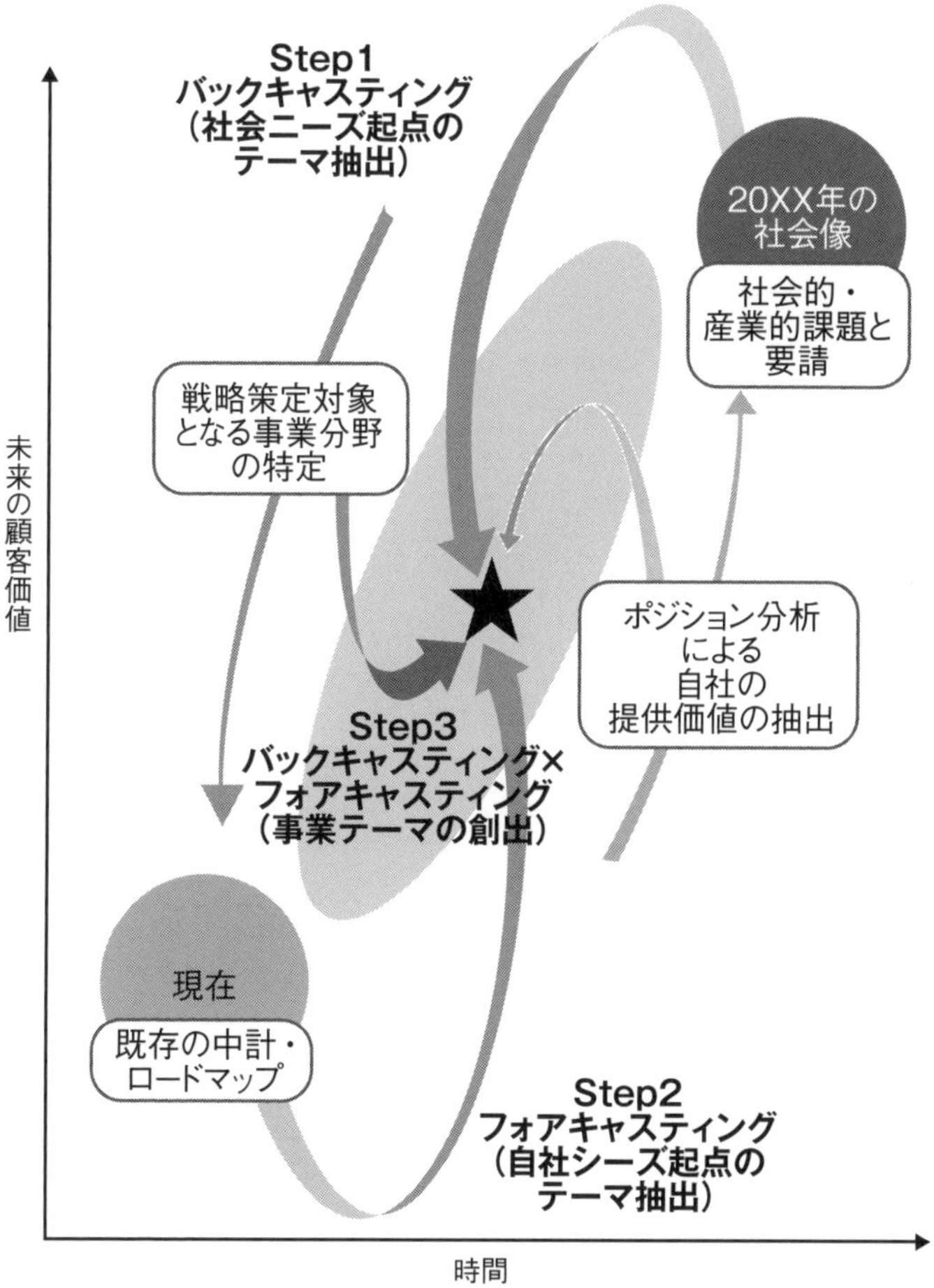

出典：未来価値創造ゼミ「BUILD」テキストより作成

ウハウが蓄積されていると思います。過去の歴史の中で少しずつ積み重ねられてきた、有益かつハイレベルなものがたくさんあることでしょう。

もちろんそれらは開発において重要なファクターになりますし、そうした技術やノウハウを信頼する気持ちも理解できます。しかし、それらを活かすことだけが未来のクルマを生み出すことにつながるとは限りません。技術テーマを深掘りしても、将来のニーズに応えられるとは限らないからです。

知財活用も同様で、技術テーマを掘り下げて特許取得を重ねるだけでは、本書が提唱するような知財ミックスはできません。

そこで、過去の延長線上からのフォアキャスティング発想ありきではなく、10年、20年といった未来を見据えるバックキャスティングの発想で、**お客様に価値を届け、自ら未来をつくっていく思考**が求められます。

当然そこには、未来に向けても**会社としてのブレないビジョン**が必要となります。どんな未来をつくりたいのかが確立されて初めて、それを実現するために求められる知財が明らかになるからです。そのような視点で、複数の知財をミックスして、戦略的に活用していくマネジメントが不可欠となります。バックキャスティングによる新規事業開発を推進しつつ、**未来の価値を創造し、ビジネスモデルを組み立てていく姿勢**が重要なのです。

未来を予測した上で「そうなったとき、私たちはどうしているだろうか？」と考えれば、やるべきことが見えてきます。そこからあらためて知財を取得し、必要に応じて特許権などのように出願・権利化して、研究開発を進めていけば、未来をつくる事業を生み出せることになります。

もっとも、未来からのバックキャスティングだからといって自分たちの今までの強みを無視するということではありません。バックキャスティングに、今あるものを活用する視点を加えて、フォアキャスティングによって接合させていけば、よりイノベーティブな発想を軸に新規事業を推進していくことができるでしょう。これまでに培われてきた強みをきちんと活かすべきではありますが、未来の事業を創造するためには、まず先を見ることが大事だということです。そういう発想がないと、**VUCA時代の周囲の環境変化を無視して、未来の提供価値につながらない製品やサービスをつくり続ける**ことにもなりかねません。新規事業ができても、社会や顧客に受け入れられ、浸透することもありませんから、**収益が会社に還元されず、結果的に会社として持続的に成長することもありません。**

携帯電話やスマートフォンの誕生によって、市場における「カメラ」の立ち位置は大きく変わりました。これまでと同様の機能やスペックを有するカメラをつくり続けても、市場から選ばれることはないでしょう。それは、時代の変化を先取りして価値を提供することにならないからです。

ただ、技術力や製品に自信がある企業ほど、過去の栄光にすがってしまう傾向にあります。新規事業は既存事業を破壊するほどのインパクトがなければ大きな成功に至ることはないはずですし、本来、イノベーションとはそうあるべきです。アマゾンも、常に前に進むために、新規事業をつくるときには先に未来妄想をしてからビジネスモデルを構想し、今の強みを接続させています。フォアキャスティングで新規事業をスタートすると、**「今あるもの」**から発想してしまうため、時代の変化や先の未来を見据えることができなくなってしまうのです。

第1章で説明したとおり、イノベーションは、革新的な技術やアイデアが価値に変換されて、社会・顧客にその価値が受け入れられて普及・浸透するところまでが実現できて、初めて成立します。その点、バックキャスティングによって事業を創出している海外企業は、常に未来を**先取りして価値を創出していくことができるため、世界中のファンを獲得**しながら規模を拡大できるのです。

知財ミックスにはスピードも求められる

知財ミックスにはスピードが求められる点も強調しておく必要があります。

特許庁に出願してから実際に特許として公開されるまでの期間は、約1年半です。審査を経て登録に至るのはさらに先になりますので、しばらくの間、権利として自分の技術やアイデアを証明できないことになります。このような実態は、特許庁のあり方が変化の激しい今の時代にすでに追いついていないとも言われていますが、いずれにしても、オリジナルのアイデアなどは証明するのが難しく、時間がかかることは事実です。

このような問題を解決するために、**「NFT」**が期待されている側面もあるでしょう。

NFTとは、「Non-Fungible Token」の略称で、日本語では「代替不可能なトークン（お金の代わりになる印のようなもの）」などと表現されています。

代替不可能なトークンを発行することによって、言わば**「偽造できない鑑定書・所有証明書付きのデジタルデータ」**を即時につくるのが特徴となります。その際に利用されるのは、「暗号資産（仮想通貨）」にも使われている**ブロックチェーン**（正確な取引履歴を維持しようとするデータベース技術の一種）の技術です。

NFTが発行されたり取引されたりするのは、ブロックチェーン上となります。その仕組みを活用することが、代替不可能なトークンの発行、つまりオリジナルの価値を証明することにつながるわけです。また、ブロックチェーン上にリアルタイムで記録された取引履歴が改ざんされることなく、いつでも誰でも参照することができるという性質を利用することで、知名度のある持ち主が保有した記録があると、その履歴によってブランド価値を高めるなどの効果を狙うことも可能になります。

すでに世界では、デジタルデータに数億円の価値がつくといった事例も出てきています。例えば、デジタルデータである音楽作品や絵画などは、代替不可能だからこそ、そこに希少性が生まれ、経済的な価値が創出されます。それらも知財の一例と言えるかもしれません。NFTには特許庁のように新規性／進歩性を審査する機能はありませんし、技術的にも法的にも多くの課題が残っていることから、すぐに特許庁の役割がNFTによって完全に代替されてしまうことは考えにくいですが、スピード感が求められるVUCA時代に、オリジナル性が即時に確認できる仕組みには大変期待できるものがあると言えるでしょう。

新規事業においては、技術も重要ですがアイデアが重要となります。幅広いニーズを獲得できるアイデアがあれば、それを軸に巨大なビジネスを構築することも可能です。しかし、オリジナルのアイデアをはじめとする知財の多くは、**簡単にコピーされたり盗まれたりしやすい**という側面があります。知財は無形資産であるため、斬新なアイデアは**物理的な制約を受けにくく、すぐ真似されてしまう**のです。

もちろん、特許に関しても電子化はされていますが、特許の仕組み自体が進化してきたわけではありません。あくまでも、特許庁に出願して審査が行われ、相応の期間を経て特許として認められます。そうした実態を踏まえると、NFTなどの新技術に注目が集まるのも当然かも

図表9：「イノベーション」をビジネス構想に変える「価値創造メカニズム」

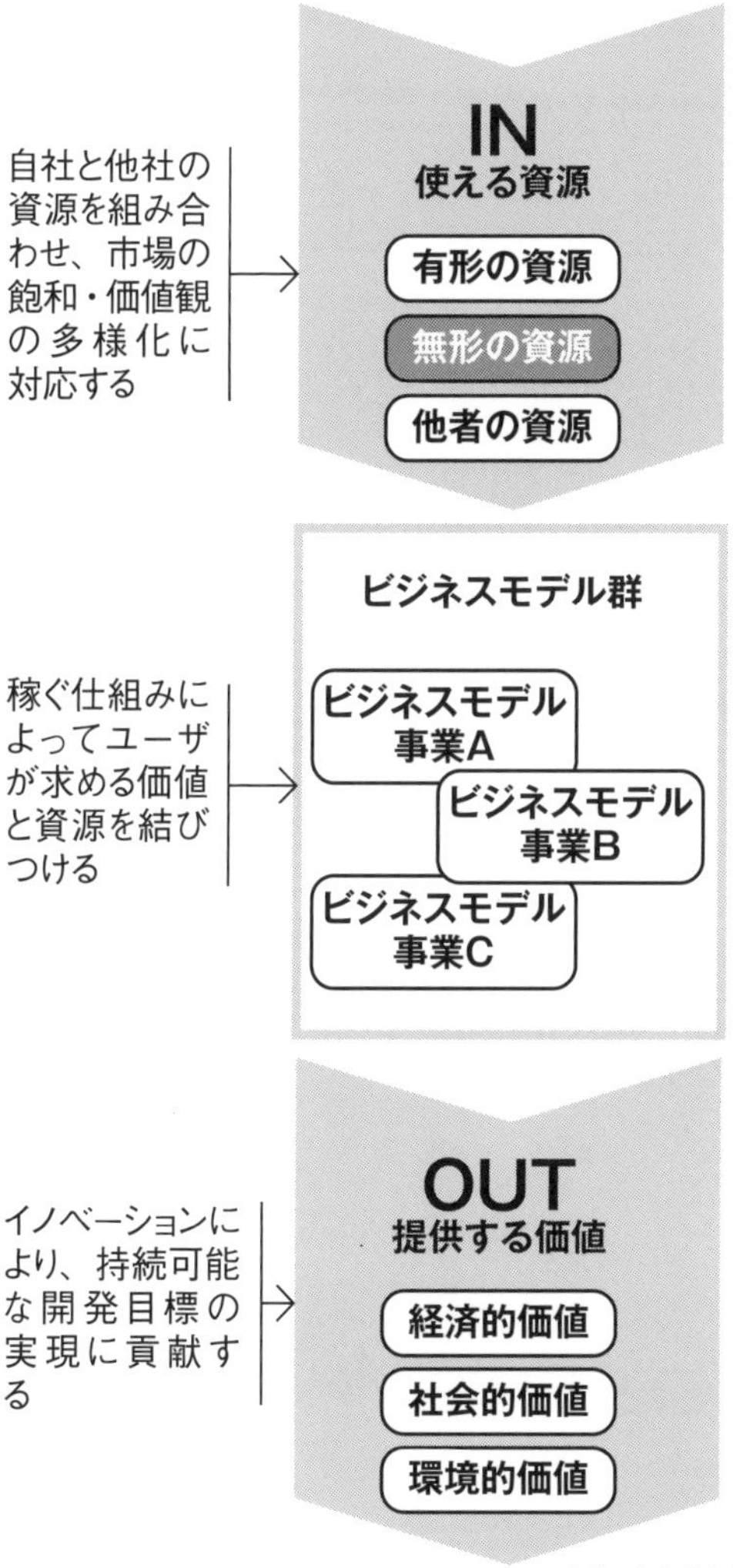

出典：内閣府知的財産戦略推進事務局
「経営デザインシートについて」より作成

しれません。

現状では特許庁の仕組みはやはり重要であり、企業にとっては公的な証明が重要となります。デジタル資産の知財行政については、経済産業省、文部科学省、文化庁も頭を悩ませています し、もしかするとデジタル庁が関与するかもしれず、今後の政府の動向は注視しておくとよいでしょう。


現時点において重要なのは、未来を見据えつつ知財の活用を進めていくことです。その上で、戦略的な発想をもとにした知財ミックスを実現することがどの企業にも求められています。それも、できるだけスピーディに実行していく必要があります。

これから先、特許の仕組みも変わっていく可能性がありますが、現時点では既存の仕組みを活用し、会社としてのビジョンを起点にトータルな戦略の中で多様な知財を活用しながら、早期に動き出すことが必要となります。のんびりしていて他社に真似されてしまえば、市場を制覇するのも難しくなるでしょう。

すでに述べているように、発想として欠かせないのは、バックキャスティング思考から導き出された知財ミックスです。**時代の変化に対する先回りの発想**なので、じっくり取り組んだとしても、後手に回ることはありません。

既存の技術やノウハウ、研究成果から検討するのではなく、「経済的価値」「社会的価値」

「環境的価値」から考え、未来を見据えながら事業を推進していくのです。

その先に、**イノベーションにつながる経営**があります。提供価値を軸にしてビジネスモデルを組み立てていけば、そこから**「どんな資源が活用できるのか」**が分かります。当然、知財などの無形の資源も含まれますが、有形の資源や他者の資源まで含めて活用を模索していくと、ビジネスモデルによって生み出される提供価値がストーリーとして結ばれていきます。

知財を活用して急成長する企業

ＧＡＦＡＭ以外にも、世界には、知財をミックスで活用することによって急成長を実現している企業がたくさんあります。複数の知財による集合体を「知財ポートフォリオ」と言います。知財ポートフォリオの構成要素には、**キャラクター・アート（著作）**、**サービス名称（商標）**、**技術・ノウハウ（特許・実用新案）**、**音楽・映像（著作）**、**デザイン（意匠）**などが含まれます。

そうしたポートフォリオを軸に、事業戦略だけでなく**デジタル戦略や法務戦略**、**マーケティング戦略**、**あるいは資金調達戦略**まで組み込んでこそ、本書で提唱する知財ミックスが実現できます。

スピーカー市場で頭角を現している「Sonos（ソノス）」は、主力のスマートスピーカーだけで約500件もの特許を取得していると言われています。日本だけでも100件以上あります。そのようにして世界中で支持を拡大しながら、グーグルやアマゾンとも肩を並べられる企業へと成長しています。

同社は、知財を活かした成長戦略を実現しています。過去にはグーグルやアマゾンを特許侵害で訴えたり、自社のスピーカーを使うように交渉したりするなど、戦略的な事業展開を行っています。このように特許をはじめとする知財は、適切に活用することによって強力な武器となるのです。

とくにスタートアップの場合は、何らかの知財に特化した戦略を立案し、愚直に実行していくことで、大きく成長できる可能性があります。それは既存企業の新規事業においても同様で、特許をはじめとする知財活用を軸に、事業を戦略的に推進することが効果的と言えるでしょう。

知財を武器にした成長戦略の立案へ

ビジネスという観点からは、アイデアを特許化して活用することにより、大きな成長を実現できることもあります。これを**「アイデア特許」**と言います。

そこに、知財ならではの可能性と、成長のためのポテンシャルがあるとも言えるでしょう。重要なのは、知財ミックスをマネジメントしていくことです。

すでに、アイデアをはじめとする**知財をプロデュースする会社や専門家**も活躍しています。中には、知財に関するアイデアを自ら出し、特許を出願するサポートをしている人もおり、それによって企業の知財活用が動き出すこともあります。

もちろん、前提となるのは知財活用の背景にあるビジョンであり、社会にどのような価値をどうやって提供していくのかを支える軸です。そこからバックキャスティングによって逆算するかたちでビジネスモデルを考案し、そのために必要な知財を取得していくことが基本となります。

その際には、商品化などを経てから特許を取得するのではなく、**アイデアの段階でスピーディに特許を取得**し、先を見越した動き出しをすることが求められます。日本においても、年間数十万件単位で特許が出願されているため、競争に負けないよう早期に動くことが大切です。とくに技術やアイデア、データなどは、無形であるだけに物理的な制約を受けることなく活用できます。実際にモノを生産するよりも柔軟性があり、かつスピーディという強みがあるのです。

いわゆる製造業の企業が、従来のビジネスモデルで新商品を開発するとなると、何度も試行錯誤しながら開発に励まなければなりません。その間、人件費や材料費がかかるのはもちろん、在庫も持たなければなりませんし、場所の制約もあるでしょう。

一方、**知財は物理的な制約のない資産**です。それだけに柔軟に活用できます。現代であれば世界中の情報を収集し、アイデアへと昇華させることも可能です。また、それを国内外で活用してビジネスにつなげることもできるでしょう。

海外の企業は、世界中で情報を交換し、データを送り合いながらアイデアを研ぎ澄ませています。そこから、成長に欠かせないいくつもの知財が生まれることもあるのです。必ずしもモノを送る必要がないため、輸送費や関税を気にすることなく、事業の種を育てていけるのです。物理的な制約がないからこそ、どんどんアイデアを出し、広げていくことが大事です。工夫次第では**青天井にビジネスを拡大**できます。まだ、こうした発想で知財を捉えている人は少ないと思います。しかしこれが、世界との差となっているのです。

その一方で、アイデアは物理的に腐ることはありませんが、時代とともに**陳腐化するリスク**があります。だからこそ、スピーディに活用して、事業化に向けて常に動かしていくことが重要です。その間に、参入障壁を築いておくために積極的に出願・権利化し、特許を取得していくことが得策である場合もあります。ただし、特許は持っているだけでお金がかかりますし、先述の通り特許の仕組みは時間が掛かりますので、権利化しておくことのメリットとデメリッ

図表10：オプティムのITを軸とした知財ポートフォリオの考え方

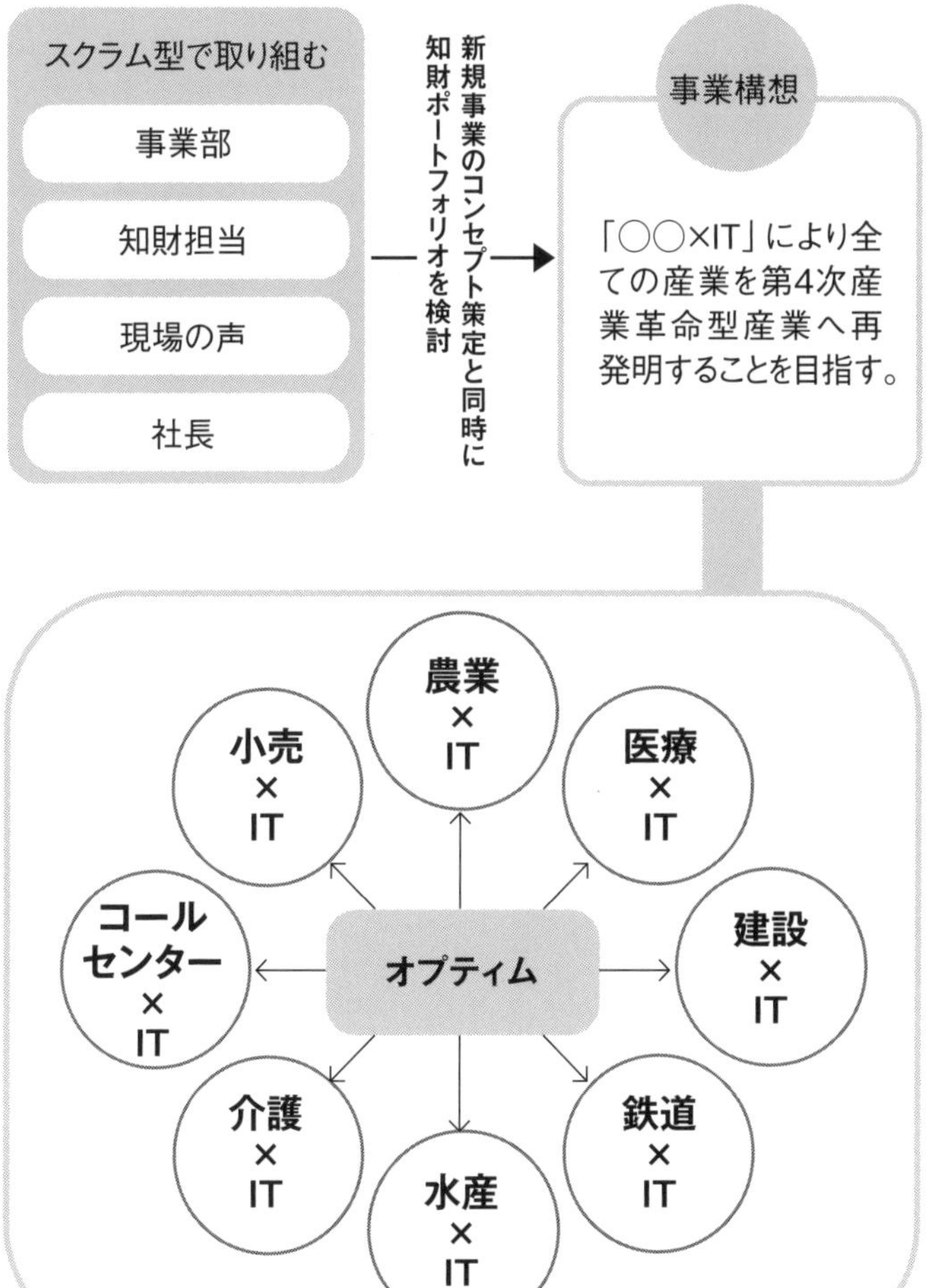

出典：特許庁「経営における知的財産戦略事例集」より作成

トは常に冷静に見極めながら制度を利用することをお勧めします。

データのような知財も取り扱いに注意が必要であるため、流出等を未然に防ぐためにも、**専門的な知識を入れながら迅速に取り組んでいく**ことが大切です。

そうした発想で知財ミックスを実践している日本企業も存在しています。例えば、ＡＩ・ＩｏＴ・Ｒｏｂｏｔサービスを提供しているオプティムは、事業戦略の中に知財を含めながら、同社のコンセプトを支える知財の出願や権利化を積極的に行っています。そのようにして知財ポートフォリオを構築し、急成長を実現しており、各業界とＩＴを融合させながら、さらなる規模の拡大を目指しています。

２０２２年1月に内閣府より発表された**「知財・無形資産ガバナンスガイドライン」**では、企業が強みとなる知財を活用して競争力の維持・強化を図り、長期的な企業価値を創造するサステナブルなビジネスモデルを構築するための指針が示されています。

企業経営者には、投資家との間の相互理解と対話・エンゲージメントを促進し、新たな知財の獲得に向けた投資について、資本市場からの理解やサポートが得られ、金融市場からの資金調達力が強化されることで、更なる知財への積極的な投資につなげるといった好循環を促すことが求められています。

次章からは、より具体的な例を挙げながら、知財ミックスについて考えていきましょう。

第3章

知財ミックスを立案する

お客様に届けたい世界観を明確にする

第3章では、本書で提唱する知財ミックスについてより具体的に見ていきましょう。

まずは、知財活用で世界中にファンを増やし、成長を果たしているアップルについてもう一度、取り上げていきます。アップルは、どのようにして〝帝国〟を築いてきたのでしょうか。

そもそもアップルは、起業当初からビジョンが明確であり、そこに知財を組み込んで戦略的に事業を推進・拡大していく姿勢がありました。そして、企業ブランドの構築のためにデザイン戦略を重視しつつ、将来を見通した製品・サービスの設計を実行してきました。

具体的には、**デバイスやアイコン、インターフェースだけでなく、製品パッケージ、周辺機器、アクセサリー、さらには店舗外観やPCの起動音**に至るまで、あらゆる角度からアップルの製品・サービスをデザインしつつ、アップル全体の企業ブランドを支えています。

同社は知財ミックスによってブランド価値の向上と事業競争力の保護を両立していますが、

図表11：知財ポートフォリオで企業ブランド・世界観を構成するアップル

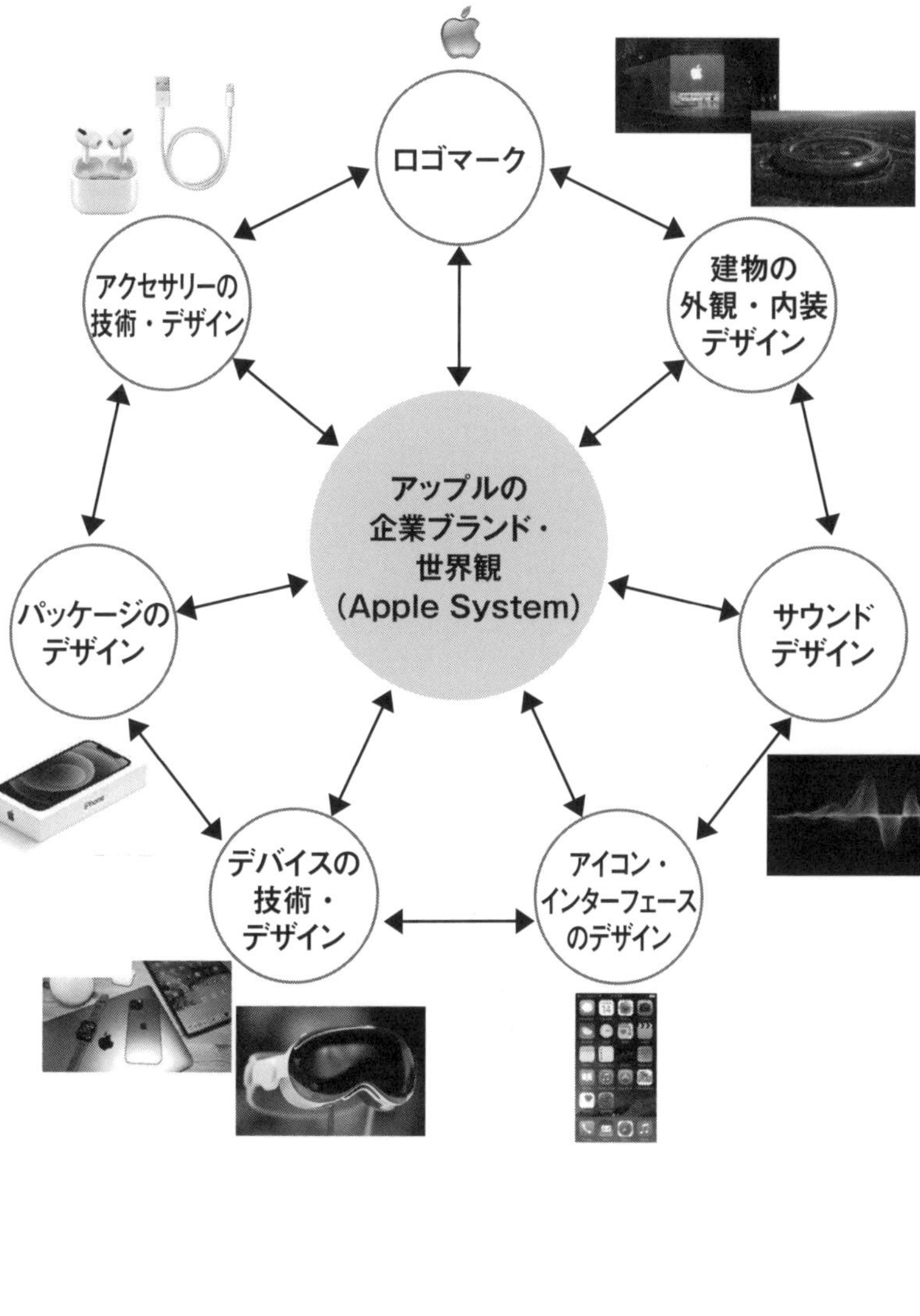

それは数字上も明らかです。

例えば、保有している商標権のうち「Design Only」に属する商標は25％を占め、全体と比較して6・5倍、日系企業と比較しても約3倍の高い割合となっています。

またメディアの多くが、**意匠や商標登録の情報を調査し、未発表の将来製品の名称や機能、発売時期等について考察及び報道**していることもよく知られています。

そのような動きによって、同社のブランド価値向上や事業競争力の保護が実現されています。アップルは登録商標を盾にサムスンと訴訟を繰り広げてきたことでも知られています。過去には、「特許（Utility Patent）」「デザイン特許（Design Patent）」「トレードドレス（店舗の外観・内装等）（Trade Dress）」「商標権（Trademark）」を含む約30件の知財侵害でサムスンを起訴しており、その結果、米国カリフォルニア州北部地区連邦地方裁判所は約10・5億米ドルの損害賠償をサムスンに命じています。

アップルには、知財ミックスのマネジメントを行うための知財組織構造が確立されています。組織図を見ると分かりますが、本社経営企画部門の中に**「コーポレートR＆D」（本社の研究開発部門）**があります。コーポレートR＆Dの企画を行うチームのひとつとして**「IPカウンセル」（知財戦略部門）**があり、そのほかに**ハードウェア事業部門**（iPhoneのようなものづく

図表12：アップルが侵害を訴えたデザイン特許や商標

出典：日経XTECH「Apple対Samsung、争点の特許はこれだ」
(2012年8月31日) 掲載の図より作成

りビジネスを実行）、**インターネット及びサービス事業部門**（App Store や iTunes などのソフトウェアやコンテンツサービスを実行）、**小売及び店舗事業部門**（製品・サービスを顧客に届けるためのオンラインストアや店舗運営、知財ライセンス事業を実行）といった各事業部門の中に**「コマーシャルＩＰ」（事業知財部）**といわれる各事業部門のビジネスの実行現場に寄り添った知財担当者のチームが用意されています。

本社のＩＰカウンセルは、日本の企業でいうところの「知財部」とはおよそ性格を異にしています。まず、事業部門ごとにＩＰカウンセル内の担当チームが分かれ、それぞれに責任者が配置されて連携し合いながら活動しています。またＩＰカウンセルのトップは、**他社との係争においてフロントに立つ法務部門の補佐的な立場**を担っています。ＩＰカウンセルの各事業部門の責任者は、事業部門ごとに割り振られた予算（特許出願と年金費用、訴訟費用、ライセンス料等）をさらに各事業部門のコマーシャルＩＰに割り振ることで**本社としての事業部門を横串で束ね、ガバナンス**を利かせています。また、各事業部門のコマーシャルＩＰの実務は、すべて世界共通のＩＴシステムで管理されており、職員各自のルールへの理解度や遵守意識に依存することなく回すことができています。これにより、本社のＩＰカウンセル内の事業部門ごとのチーム責任者は、世界中の支社に散らばった事業部門のコマーシャルＩＰの業務の状況がリアルタイムに把握できるようになっています。

図表13：アップルの知財をマネジメントする組織構造

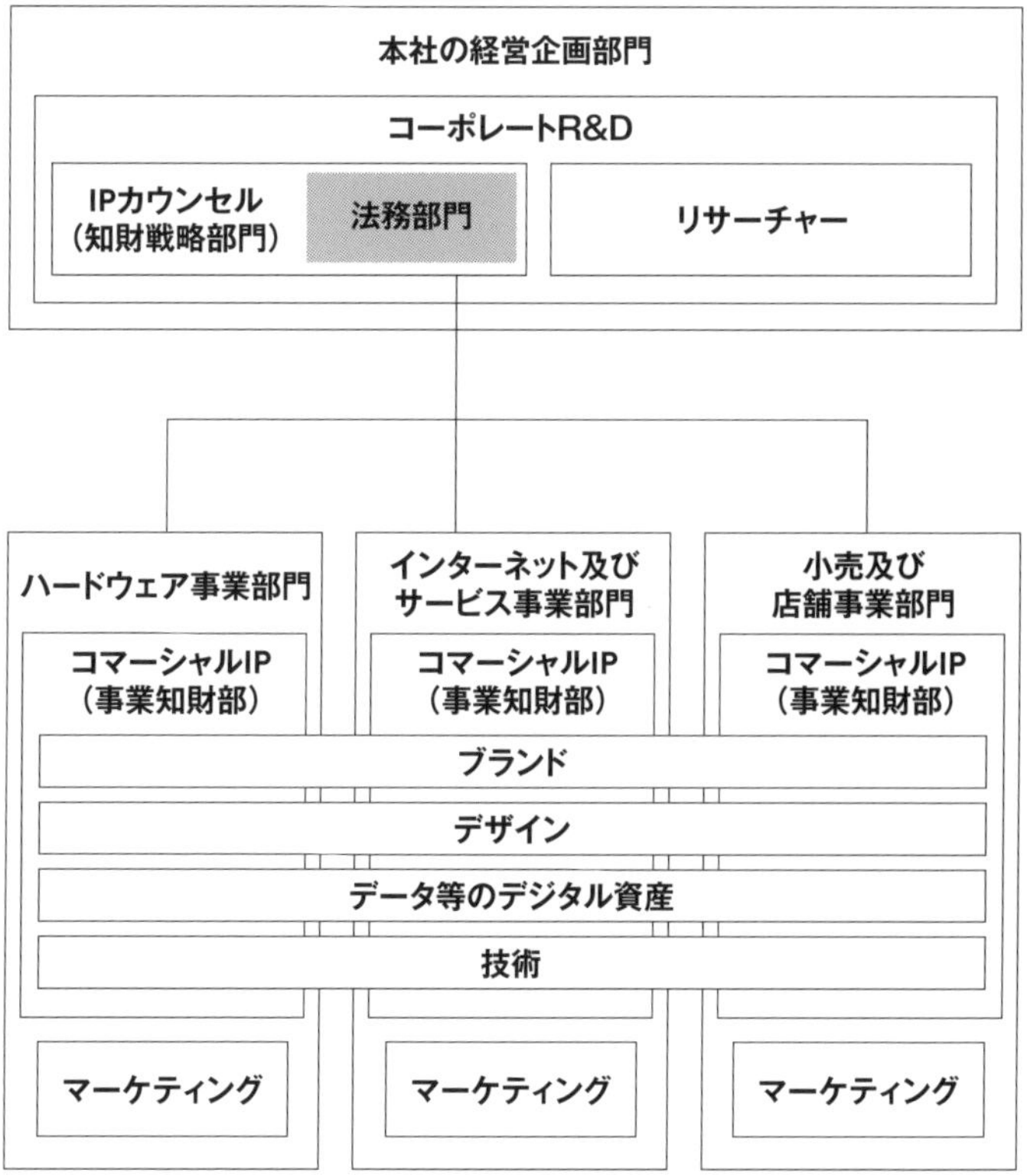

注目すべきは、各事業部門のコマーシャルＩＰの担当者がそれぞれの**マーケティング部門と連携しながら事業部門間で横串を刺し**、ブランド、デザイン、データ等のデジタル資産、技術などの**多様な知財をミックスで管理できる組織体制**がつくられていることです。

アップルの知財ポートフォリオは**「Apple System」**と呼ばれ、多様な知財がまとまってひとつの巨大なシステムを形成し、アップルの世界観を維持しています。Apple System は、アップルを中心にした企業コミュニティが集まって、知財を活用するプラットフォームになっており、本社のＩＰカウンセルや各事業部門のコマーシャルＩＰは、その**プラットフォームの守護者**（＝管理人であり警備員であり弁護人）であるというのが担当者全員の共通認識となっています。Apple System に所属するのは、**ＯＥＭ企業**（「Original Equipment Manufacturer」の頭文字を取ったもので、自社ではないブランドの製品を製造するメーカーのこと。自動車や電化製品、化粧品、食品など様々な分野で取り入れられている）、**サプライヤー、ライセンス取引先の企業、共同開発企業、異業種のパートナー企業**であり、彼らはいずれもアップルと共闘でビジネスを戦い抜く仲間であると考えられています。その仲間が気持ちよく集い合えるように、あるいは安心して活動できるようにサポートするのが、アップルのＩＰカウンセルやコマーシャルＩＰの役割なのです。サムスンのように、コミュニティの部外者がプラットフォームに土足で入ってきて、Apple System の知財を権利侵害するようなことがあれば、Apple System 上の仲間のビジネスを守るためにも、こうした動きを徹底して排除することも辞さないという立場を取っています。

また、この組織構造の優れている点として挙げておきたいのは、「人の五感を包み込む」というアップルとしての経営ビジョンに則り、世界中の各拠点の知財活動のあるべき姿が、拠点ごとに明文化されて浸透していることです。国や地域ごとに法制度や市場の特性が異なるので、Apple System のつくり方も大きく異なってきます。iPhone などのデバイスや、iTunes のようなアプリは世界共通であっても、戦い方が同じ地域はひとつもありません。したがって、アップルのブランドイメージは世界共通ですが、**地域ごとの事業戦略に合わせてコミュニティのルールづくりは、敢えて拠点ごとに任せる体制を採用**しています。

世界で共通すべきルールと拠点ごとにローカライズした戦略を同居させるメリハリも、見事としか言いようがありません。まさに全社的な経営戦略の中に、多様な知財を調和させながら組み込めるような仕組みが構築されているのです。

一方、日本企業では、ブランド、デザインなどはそれぞれの部門が管轄しています。いわゆる「知財部」は、経営企画やマーケティング、広報とはあまり関わっていないことが多く、企業全体としての知財の活用が部門横断でできていないことが少なくありません。これでは世界市場を制するためのトータルマネジメントができないのも無理はありません。

どこで顧客のハートをつかみ、どのように揺るぎないビジネスモデルをつくり、どのようにして稼ぎ続けるのか。そして、知財ミックスをいかに全社の企業活動に組み込んでいくか。全社を挙げてその戦略を十分に練り上げ、それに沿った組織運営をしていく必要があります。


アップルの場合であれば、誰もがその洗練されたデザインを体感することができます。それが世界中のファンを魅了し、ファンから愛され続ける理由のひとつになっています。同社がその**世界観を崩さないことに力を注いでいる**からこそ、アップルのユーザは何十年もファンとしてついてくるわけです。アップルの店舗に行けば分かりますが、すべてのデザインが洗練され、デザイン、ロゴ、音、形状など、あらゆるものが計算されており、それが**五感を刺激し、ファンの心をつかんで離さない**ものになっています。

そのような唯一無二のアップルの世界観は、ミックスされた知財によって支えられているのです。ビジョンを軸に、お客様に届けたい世界観を明確にしつつ、それをいかに徹底して提供できるか。それが、知財ミックスで世界市場での競争力を維持していくための大前提となります。

ファンをつくる思考を持つ「真のブランド戦略」とは

アップルの事例でも明らかなように、知財をミックスさせて企業経営へと取り込み、戦略的に活用していくことによってブランド力の強化や事業競争力を高めていくことが可能となります。また、それらの背景に確固たるビジョンがあることで、世界中に熱狂的なファンをつくることができています。

このように**「コアなファンをつくる思考」**を持つことが、ブランド戦略においては重要です。その姿勢があるかどうかで、経営戦略の方向性はもちろん、知財の捉え方や活用方法も変わってきます。残念ながら、こうした視点が欠けているために世界企業へと成長できていない日本企業が多いのが実情です。逆にいえば、日本でも世界的に戦うことができている企業はファンをつくるブランド戦略が実践できています。

例えば、日本の自動車業界のトップを走るトヨタのレクサスブランドでは熱狂的なファンの獲得や世界観の確立という点で、技術もさることながら、それ以外の知財をミックスで機能させています。レクサスは、もともと1989年に北米でラグジュアリーカーとしてのブランドを確立してから、その成功を受けて2005年に日本で凱旋デビューしたブランドとして知られています。レクサスでは、よく**「音をデザインする」**ということが言われています。エンジン音を聞いただけで「これはレクサスだ」と分かるなど、それによって**ユーザへのワクワク感**を提供しているわけです。こうした観点は、まさに音としての知財活用と言えるでしょう。マツダも「マツダレッド（ソウルレッド）」という色で強固なブランドイメージを構築している企業です。知財を活かした思想を追求し、フェラーリのように、**世界中のファンを魅了できるデザイン**を目指しています。

未来に向けてどのような価値をファンとしての顧客に提供したいのか、ファンからどんな会社として認知されたいのかを明確にし、そこから逆算する形で多様な知財を戦略的に取り入れていけば、強固なファンを生み出すことができます。もっとも、ただ知財を集めればよいというわけではありません。前述のアップルのように、ビジョンや届けたい価値が明確であり、そこからバックキャスティングの発想で逆算して必要な知財をポートフォリオでまとめ、確固たる世界観を表現していくことが基本です。

そうした視点があるかどうかによって、技術やノウハウ、音、デザインなど、企業ブランドを支える要素をきちんと見極めつつ、特許の取得をはじめとする戦略的な企業活動が可能となります。

現場の技術者にしても、例えば自動車であればエンジン、車体、電気系統、運転制御機能など、それぞれの技術に特化しているだけでは「良いもの」しか生み出せません。しかし、繰り返しお伝えしている通り、**「良いものをつくれば売れる時代」は過去のもの**です。そうではなく、すべての社員が**「会社はどのようなビジョンを掲げているのか」「ファンにどういう世界観を届けたいのか」「どのような価値を味わってもらいたいのか」「そのためには、どのようなブランドを構築すべきか」**などをきちんと理解しておく必要があります。

そういった発想があれば、自ずと「ここは譲れない」というポイントが浮き彫りになります。その部分の知財に関しては、何としても参入障壁を築く必要がありますので、コストを掛けてでも特許を取って権利化しておこうといった発想も生まれるでしょう。逆に、仮に苦労して出した研究成果であっても、収益に直結しない部分や参入障壁を築く必要がないところでは、必ずしも出願・権利化の必要性はありません。

ビジョンを起点にしてすべてを組み立てるようにすれば、未来に先駆けて動き出すことが基本となるため、常に**先回りで企業活動を前に進めていく**ことができます。そのようにしてポートフォリオで組み合わされた知財が、収益モデルによって顧客への提供価値に還元され、継続的に対価を得ることができれば、企業の成長につながります。そこに、企業全体としてのマーケティング戦略があり、どうやって事業を拡大していくのかという事業戦略があり、そのためのブランド戦略やデジタル技術の戦略、さらには資金調達の戦略など、すべての戦略がつながっています。

それらの経営を支える各戦略の中に知財がミックスで組み込まれていれば、一貫性のある企業経営が可能となります。そして、そこから生み出される商品・サービスが世界観を伝える軸となり、顧客をファンにし、長期的に繁栄できる企業体制の構築に貢献するのです。

2007年にiPhoneを出したアップルの戦略

アップルがどのように知財に基づく戦略的な動きをしてきたのか、過去の歴史を紐解きながら概観してみましょう。

私たちにとっても馴染みが深いのは、やはり2007年の「iPhone」の発売です。スマートフォンという新たなデバイスのジャンルを確立し、その後も毎年のように改良が加えられ、それは現在でも続いています。発売から15年以上が経過しているのにもかかわらず、製品が進化し続けており、いまだにスマートフォンの王者であるということ自体、いかにファンに愛されているかが分かります。会社で支給されるスマートフォンとして採用されているケースも多いと思いますが、会社ごとのセキュリティ方針に沿った運用ができるように真っ先に対応したのもアップルでした。

コアなファンを生み出し、支持される商品を開発できるのは、やはりビジョン経営と知財ミックスが根幹にあるからであると言わざるを得ません。

アップルは2007年にiPhoneを発表した時点で、次の時代を見据えていたと思われます。双方向で画像や動画をデータサイズを気にせずに自由に高速で送り合えるような**「5Gの時代が来る」ことを見越していた**のです。まさに、高い画素数の画像やクリアな音声を、遅延なく送受信できる時代の到来です。

2007年と言えば、日本ではいわゆる「ガラパゴス携帯（ガラケー）」が主流でした。通信方式は3Gの時代で、ドコモの「iモード」が広く使われていましたが、当時は動画や画像のスムーズな転送、あるいはダウンロードなどは到底難しいと思われていました。それはつくり手側もユーザ側も同じです。

しかしアップルは、テクノロジーの進化によって、そうした問題が解消されることを予想しており、2007年というタイミングでiPhoneを発表したわけです。もちろん、開発は2000年代の初頭からはじまっていたと考えられるため、数年の時を経て商品化されています。5Gが普及し始めたのが、2020年代に入ってからであることを考えると、**恐るべき未来予測力**です。

つまり同社は、それだけの長いスパンで未来を見越しているのです。**10年、20年後の未来の**

社会を描き出しながら、先鋭的かつ革新的な商品・サービスを発表し、支持を拡大してからようやく時代が追いついてくる。世の中がこうなるべきだと考えて、今がそうでないなら**自分たちで未来をつくってしまおう**、という気概をもって、技術やアイデアをはじめとする知財をミックスで活用しているのです。

これには、先述の通り、本社の経営企画部門の中にある知財戦略部門であるＩＰカウンセルと各事業部門に分かれたコマーシャルＩＰのミッションと所属メンバーの意識も関係しています。これらの本社と各事業部門の知財メンバーは全員、自分たちの主たるミッションは、一貫して**「競争優位性の確保、新規事業の市場形成、既存事業の市場拡大」**であると理解しています。新規事業であれば、他社とともにApple Systemを形成し、ＯＥＭやライセンスなどの手法を通じて、プラットフォーム上の企業とのきずなを強固にし、その結果、負けないシステムをつくり上げています。オープンイノベーションによる共創の時代に、アップル一社で勝てる市場はどこにもないということが明確に理解されており、関係各社がApple Systemに入ってくることによって、一緒に高みを目指すコミュニティを目指しています。それを実現するためには、ルールを乱す企業がいる場合は係争に対しても躊躇することなく取り組むことになります。ＩＰカウンセルは同じく本社のコーポレートR&D内にある法務部門と密接に連携し、法的手段がいつでも行使できるようになっているのです。サムスンとの係争もその活動の一環であるということができます。これによってプラットフォーム上の各社は安心してビジネスができるわけです。

またそこには、**常に改革していく精神**があります。同じアイデアをずっと考え続けるのではなく、それを進化させて次々に新しいものを生み出していく、一貫した会社の姿勢です。そうしたあり方も、明確なビジョンが浸透している証左であると言えるかもしれません。

未来を見据えて事業をしているか、それとも自社の技術があるからそれを商品・サービスに変えているだけなのかによって、顧客の支持は大きく変わります。当然、市場の反応も異なってくるのです。

例えば、今では当たり前になった**「音楽のサブスクリプション」**サービスにおいても、アップルはかなり早い段階から時代を先取りし、強みを発揮してきました。洗練されたデバイスやアクセサリーを通じてファンを獲得しているからこそ、音楽分野でもプレゼンスを発揮できます。しかし、その前提がない企業は、あとから参入しても厳しい戦いを強いられてしまうでしょう。

残念ながら、そういった分野で市場を席巻できている日本企業はほとんどありません。

ポイントは、未来を見据えて事業をつくりつつ、そこにデザインをはじめとする知財をミックスで組み込みながら、**会社のビジョンや世界観を積極的にファンに伝えてきたかどうか**にあるのです。

もちろん、音楽というジャンル自体は日本でも人気ですし、音楽のファンはたくさんいます。そこに音楽プレイヤーなどデバイスの市場があることは昔も今も変わりません。ただ、音楽の楽しみ方の未来を見据えて、これからは**「体験そのものを売る時代になる」「サブスクリプションが主流になる」**という発想で戦略的に行動できず、モノに拘ってしまったところに敗因があるのです。

「うちはCDをつくる会社だから」「うちはプレイヤーを売る会社だから」「スピーカーの技術の会社だから」などと、自らの**本業を既存のシーズで狭く定義**してしまい、企業経営を続けていくのであれば、時代の変化に取り残されてしまうのも無理はないでしょう。

今では、通信能力の飛躍的な進化を背景に、音楽はストリーミングやダウンロードが主流となり、パソコンだけでなくスマートフォンやタブレット端末などでも楽しむことができます。時代が変わり社会も変わり、人々の行動が大きく変わる中で、何が選ばれるのかも変化していきます。そこに乗り遅れてしまうと、企業の成長は実現できません。

知財という観点からも、ストリーミングで音楽を聴く時代に「CDの音をさらに良くするために、光ディスクから音の信号をピックアップするための新しい技術を特許として取得しよう」といった技術ベースでフォアキャスティングの発想をするのではなく、未来の価値を見据えて、市場を制するための知財活用を実践する必要があります。そこに、競争力向上へのヒントがあります。

ビジネスにおいては「収益創出」がポイントになる

会社のビジョンや提供価値が明確になれば、そこから**「収益モデル」**も検討しやすくなります。さらに、収益モデルを維持するためにどのような特許を取得すれば有利なのかも明らかになり、まさにトータルな知財ミックスが動き出すわけです。そのような一連の流れを構築することが大切です。

日本企業の多くは、自社が保有している技術やノウハウからスタートしがちなため、ビジョンや提供価値を背景にした思い切った動きができていません。

特許を取得するにしても、**技術があるから**ではなく、あくまでも**「収益モデルを守るために取る」**という発想が大事です。その裏側には、会社のビジョンや提供したい価値、つまりその企業ならではの世界観があるわけで、そのような観点から知財を捉えていく必要があります。

それは先述した「バックキャスティング」になりますが、未来から逆算して特許を取るなど、知財活用のあり方を転換させていけば、より革新的な事業展開や商品・サービス開発にもつながっていくことでしょう。

次いで、収益モデルを確立するには、ビジネスモデルを立案する必要があります。そのビジネスモデルを回すために活用できる資産、技術、アイデアなどを集め、それらをポートフォリオとして描いていく。個別に捉えるのではなく、**トータルのパッケージで考える姿勢**が求められます。

全体で見ていくと、ビジネスモデルを回すために組むべきポートフォリオも見えてきますし、どこでコストをかけてでも参入障壁を築いて権利を守るべきかが見えてきますので、取得すべき**「特許網」の姿がイメージできる**ようなものです。権利で競争力を確保するためには、**どのような順序で権利化すればよいのか**もデザインしやすいでしょう。

もちろん、これまで自分たちが培ってきた技術やノウハウがそこで活かせるのなら、十二分に活用するべきです。まったくのゼロベースで技術やノウハウを外から獲得するのにはコストもかかりますし、そもそも自社に蓄積のない技術は目利きができません。未来から逆算して考えている以上、そこで必要だと判断されるものが自社にあるのであれば、それは積極的に用いつつ、トータル戦略に反映させた方が良いでしょう。その点、すでに歴史があり、技術やノウハウが蓄積されている日本の企業には大きなチャンスがあります。そのような流れでフォアキャスティングを接合させるのであれば、フォアキャスティングの良さが活きてきます。

ただし、日本人が陥りがちな自前主義にとらわれ、何が何でも自社の技術やノウハウを囲い込むことに拘り過ぎてはなりません。自社に必要な要素が欠けていたとしても、それを有する**他社とともに開発する発想を持つ必要**があります。いわゆる「**オープンイノベーション**」がその手法であり、自社だけでなく他社、大学、地方自治体などと組むことによって、**よりスピーディに、より確度の高い事業を創造**できることもあるでしょう。

例えば、DXによって社会に大きなパラダイムシフトが生じるVUCA時代には、高度なIT技術としてのアプリ開発やデータ分析などが不可欠となります。そうした部分を社内で担いきれない場合、他社と協業しながらビジネスモデルを組んでいくことで、収益モデルが確立できることもあります。当然、そこには特許をはじめとして相手方の知財も絡んできます。

単純に技術やノウハウを組み合わせるのではなく、戦略としての知財活用を軸に、どのように結合させてポートフォリオを完成していくのかを考える。それもまた知財ミックスのひとつの側面と言えます。当然そこには、会社としてのビジョンや打ち出したい世界観も絡んでくるため、結合した先にある未来を描いておくことが必要です。

そのためには、知財を戦略的にマネジメントできる部門が率先して新規事業開発やマーケティング、デザイン、あるいはビジネス戦略について学び、**未来からのバックキャスティング**

によって会社を導くための一翼へと進化していく必要があります。これには、先に説明したアップルの**IPカウンセルの人材教育**が参考になるでしょう。Apple System内のオープンイノベーションを維持するために、**オープン領域**（他社と積極的に知財を共有する領域）と**クローズ領域**（自社の競争力を確保するために自社のみで知財を活用する領域）の**境界の設計**（これを、**オープン&クローズ戦略**と言います）、コミュニティに迎え入れる**企業の知財の評価**や**知財契約などの実務**を学ぶためのプログラムが充実しています。その前提として、マーケティングやライセンシングなどのビジネスを学ぶ機会を用意しています。

アップルの場合、ビジネスモデルを構成する要素には通信技術も絡みますし、データの解析処理も関係しますし、スマホの画面を使うのであれば、ユーザインターフェースなどの画面構成も関わることがあるでしょう。そういった構成要素を踏まえてビジネスモデルを回すために、技術やアイデア、デザインなどの多様な知財を組み込んでいくことが基本となるからです。

そうして初めて、ビジネスとしての長期的な収益創出も実現できます。新規事業をトータルで見据えながら、社会情勢も踏まえて俯瞰し、個別の要素としてではなく**全体としての調和を考えながら、知財を積極的に活用していく**こと。その先に、ビジネスモデル・収益モデルの創造があるのです。

ライセンスを通じたブランド活用

知財は、自社で製造・販売する商品・サービスで活用するのみならず、**「ライセンスビジネス」**というかたちで稼ぐ仕組みに活かすケースもあります。

例えばディズニーは、世界中で愛されているキャラクターを数多く保有していますが、その稼ぐ仕組みは非常に明確です。彼らの主たる収益源はテーマパークの入場料やアトラクションの乗り物券の他、それ以上にキャラクターライセンスの収入があります。

代表的なものとして、ぬいぐるみなどの雑貨、文具、食器などがありますが、もちろん自社でつくっているわけではなく、ライセンシーとしての専属のメーカーとライセンス契約を結び、彼らにつくらせています。その契約に沿って、そこから逸脱しないかたちでキャラクターの使用が認められているのです。

つくられた試作品に関しても、ミッキーマウスからドナルドダック、各種プリンセスまで、どのキャラクターであっても、それが規約に則っている「本物」らしいかどうかを厳しくチェックしています。これをライセンス監査と言います。

キャラクターの図柄を商材に貼り付ける場合、振りむいたときの角度が「ミッキーマウスはそういう首の振りむき方をしない」と判断されれば、それはルールを逸脱していることになり、商品化することはできません。そのためのルールとなる**デザインガイド**が、まさに知財マネジメントのための重要な虎の巻となっており、ディズニーがつくり出したい世界観を言語化して詰め込んだものとなっています。日本の例でいうと、「手塚プロダクション」が、作者である漫画家の手塚治虫氏が生み出した鉄腕アトムやブラック・ジャック、火の鳥をはじめとする**キャラクターを管理**しており、それらが**使用されるときの世界観**を保護しています。

このように知財を徹底管理することが、ディズニーのキャラクターをこよなく愛するファンをつかんで離さないビジョン経営の根幹となっています。管理を緩くした結果、ライセンシーの知財活用に規律が働かなくなると、ディズニーがつくり上げた世界観が壊れるからです。

キャラクターが使われる場合、オリジナル作品自体の監修ができる人のほかに、そのキャラクターを商品化するライセンシー側の監査ができる専門家がいないとキャラクターの管理ができません。こうしたサポートに関しては、外部の専門家が入ることによって適切に管理・監督しやすくなることもあるでしょう。

ディズニーのようにライセンスビジネス自体を収益の柱とする考え方とは別に、ライセンスビジネスを、**本業を支えるためのマーケティングの手法のひとつ**として捉えて活用する考え方もあります。例えば、世界でも有名な飲料メーカーのコカ・コーラは、飲料以外でもそのロゴを目にする機会が多いと思います。比較的安価な文具や雑貨のデザインなどでも見かけることがあり、一見すると「コカ・コーラのブランドを毀損しているのでは？」と思われるかもしれません。

しかしコカ・コーラとしては、本業の飲料が売れることが第一であり、様々な商品を通じてコカ・コーラを認知してもらい、それによって本業の飲料の売上を最大化するのが目的です。そのため、コカ・コーラのロゴが入った商材のライセンス料で儲ける必要はなく、いわゆる**「サブリミナル効果」**を生み出すことができれば、同社としては十分なブランディングができていると言えるのです。

また、ミントタブレットで有名な「ＦＲＩＳＫ（フリスク）」は、もともとオランダの会社が提供している食品ですが、おなじみの清涼感のあるフレーバーによって「涼しい」イメージが消費者に持たれていると思います。そこに知財を活用できるチャンスがあります。

アパレルブランドの中には、インナーにＦＲＩＳＫのロゴを入れることによって、清涼感や涼しさをアピールしているものもあります。いわゆる**「コラボレーション」型のライセンス**であり、ビジネスモデルとしてはアパレルメーカーをライセンシーとしたＦＲＩＳＫの知財ライセンスです。そうしたイメージの活用によって、アパレルメーカーも、**商品のイメージを強化**

することができ、もともとＦＲＩＳＫを好んで買っている顧客を呼び込むことができると、従来品よりも売上を伸ばすことが可能となります。

Ｐ＆Ｇが、家電メーカーが製造・販売するリフレッシュ・ファン（モーター式ファンにより、部屋全体に香りを行きわたらせる装置）に「ファブリーズ」のブランドをライセンスしているのも類似した発想です。もともとはＰ＆Ｇのヒット商品である消臭剤・除菌剤「ファブリーズ」のブランドが製品に使われているものの、リフレッシュ・ファンには消臭・除菌作用はありません。もともとの**商品ブランドに対して持たれているイメージ**から、爽快感を演出できるというわけです。社会に広く認知され、ブランド価値が確立されている商品・サービスに関しては、そのイメージを上手に活用することでビジネスを促進できるケースもあります。まさに、広告費用を掛けるのではなく、むしろ、逆にブランドでマネタイズできてしまうマーケティング手法です。これもまた知財ミックスの一種と言えるでしょう。

海外では、製造業でも自社ブランドのライセンスを積極的に利用していくケースがよく見られます。自動車や時計などの分野の老舗の高級ブランドのロゴが、アパレル商品や文具、アクセサリーなどの異分野の商品に幅広く用いられている例を皆さんもご存知なのではないでしょうか。

しかし、実は日本ではこうしたライセンスビジネスが海外ほど積極的ではない面があります。日本メーカーの多くは、自社のブランドを守ろうとする姿勢が強すぎて、結果的にうまく活用できていないように感じます。その理由は、自社の業界の常識が通用しない**異分野とのコラボレーションが苦手**であること、**本業以外の製品で自社ブランドを使うことを〝邪道〟に感じてしまいがち**であること、「のれん分け」の文化が根強く、**契約だけで簡単には自社のブランドを他社に使わせたくない**ことなどが考えられます。もしかしたら、自社が直接製造・販売して収益を得るのとは異なり、努力せずにお金を手に入れる「濡れ手で粟《あわ》」のような印象があり、**そのような稼ぎ方は汚い**という感じ方も影響しているかもしれません（実際には、ライセンスにはライセンスなりの業務の煩雑さがあり、コストもかかりますので「濡れ手で粟」ではありません）。

そして何より、多様な手段を駆使してブランド価値をより高めていこうとするビジョン経営と知財ミックスの視点が欠けており、ブランドライセンスという手段に関して**知識と経験が圧倒的に不足**していると思われます。もちろん、ライセンスのルールが徹底されないままではブランド価値を毀損するリスクをはらみますが、相手方との契約実務と適切なマネジメントがあれば、ライセンスがブランド価値の向上に大きく貢献するということをぜひ知っていただきたいと思います。

ライセンスには、既存のブランド同士がコラボすることによって、**異なる顧客層にアプローチできる**メリットもあります。ブランド価値が確立している商品は、良くも悪くも特定のコアなユーザにしか選ばれないことが多く、一般的にそこから層を拡大するのは難しいものです。しかし、例えばフェラーリがプーマのトラックジャケットやキャップ、シューズなどにライセンスすることで、もともとプーマのファンだった顧客をフェラーリのファンとして取り込むことができ、ファンの幅を広げることもできるでしょう。

近年では、ルイ・ヴィトンのようなハイブランドがカジュアルなスポーツメーカーに商品化ライセンスを行い、若い層向けのスニーカーなどの商品を展開するケースも見られます。カジュアルの世界に手を広げることは、一見、ブランド価値の低下につながるのではないかと思われるかもしれませんが、富裕層の低年齢化が進んでいることもあり、「高級」と「カジュアル」が自然と組みやすくなっている実情もあります。したがって、必ずしもブランド価値が下がることにはなりません。**ファン層の世代交代を促す**ことになるだけでなく、結果的に既存の**シニア層のファンまで熱狂させることに成功**している例もあります。まさに知財ライセンスを通じたブランド活用は、時代とともに変遷しているのです。

知財専門家のサポート

ビジョン経営や知財ミックスを取り込んだ企業のブランド戦略は、外部機関のサポートによって最適化し、スムーズに実施できているケースも少なくありません。

海外企業のような知財ミックスが進んでおらず、これから取り組むという場合にはとくに、他社の事例を参考にしつつ専門家のサポートを受けた方がよいでしょう。そうすることで、本章で紹介しているアップルをはじめとする、ブランド戦略に長けた企業の仕組みが構築しやすくなります。

例えば、私が経営するテックコンシリエの場合ですが、お客様（版権元）が保有する技術、ブランド、キャラクター等の知財を活用したい相手方（ディストリビュータ等）を探索し、販売・ライセンス機会を提供することで、知財の保有者／活用者の双方の持続的成長を支えています。これは、単にライセンサーとライセンシーをつなぐということ以上に、**双方のパートナーシップを通じて価値共創の機会を創出**するところに狙いがあります。

知財活用の方向性としては**「商品化」「承継・移転」「証券化」**などが挙げられます。

知財の商品化とは、**知財保有者がデザイン等の権利を自分たちで持ちつつ、他人にも使わせることでライセンス料が得られる仕組み**です。これは、コンサルティングエージェントとして、クライアントが自社の知財を他社に使用させて商品にするのを橋渡しするサポートとなります。

知財の継承・移転は、その名の通り**他社に譲渡する**かたちとなります。知財保有者としては、その際の売買料金がそのまま得られるスタイルとなります。使用していない知財の活用は、社内で使うよりも、敢えて承継・移転を選択した方がよい場合もあるでしょう。ある企業が自社の事業を他社に売却する際に、その**事業に紐づいている知財を見える化し、必要に応じて権利化しておくことで、高値で売却できる**チャンスも生まれます。

さらに知財の証券化については、商品化や継承・移転とは少し方向性が異なるのですが、資金調達の担保にするようなケースで使用されています。事業の海外展開などに際してまとまった投資資金が必要になった場合や、残念ながら事業の失敗や不況などで資金繰りが厳しくなった場合に、**知財を証券化することで、資金を確保する方法を模索**することが想定されます。例えば、どうしても資金繰りが厳しい場合に、自社のロゴなどを他のメーカー等でも使えるようにすると、どのくらいの価値が生まれるのかをあらかじめ試算しておくことで、銀行などの金融機関からお金を借りたり、出資者から直接金融によってお金を集めたりすることができたりします。

もっとも、知財はあくまでも無形のオフバランス資産であるため、法的に担保権を設定するのが難しく、銀行などでもそうした知見を持っている人は多くありません。いざというときには処分して換金することを前提に資金を融通してもらうようなスタイルとなりますが、海外では事業のバイアウトなどの場面でしばしば用いられ、すでに多くの実績もあります。グローバルに展開する企業にとっては、事業に弾みをつける時に投資資金を調達する方策として、ひとつの選択肢になるかもしれません。

また私事になりますが、知財の証券化は、「はじめに」でもお伝えしたとおり、私が銀行に出向しているときに開発した金融手法が基になっており、日本では金融業界のプレイヤーが少ないですが、グローバルでは今後確実に広がる分野であると考えています。

本書では主に企業での利用を想定していますが、**ライセンスは個人でも活用することができます**。例えば、人気YouTuberやインスタグラマーがつくったデザインが、SNSを活用したオウンドメディアのなかで積極的に発信されており、「いいね」数やチャンネル登録数、再生数なども稼いでいれば、そのデザインが知財ライセンスの対象になることもあるでしょう。

本格的な収益化をねらいに行こうと思うと、ある程度の認知度は問われることになりますので、まずはコツコツと質の良いコンテンツを発信し続け、ファンを増やすことが重要になります。

こうした**個人が発信するコンテンツも、立派な知財**です。その知財は、オリジナルの音楽でも、絵画や写真でも、ゲームでも、デザインでも、エクササイズメソッドでも、自身の生き方や哲学でも、なんでも構いません。明確なビジョンを持って、目指している世界観に共感してくれるコアなファンを獲得する努力と、ファンをつかんで離さない独自の知財を張り巡らせる必要性は、企業も個人も変わらないのです。

海外では、ポップアートの作家がデザインしたものが、有名な芸能人の自動車やミュージシャンの楽器のペイントに用いられ、そのもとになっているオリジナルアートが高値で落札されたりするケースもあります。また、それらの知財を使用する権利を、企業がライセンス契約を結んで採用する事例もあります。このようなことからも、知財の幅広い可能性が見て取れるかと思います。

知財ライセンスを通じて異業界の知見がもたらされることで、自社における新規事業のヒントをもたらしてくれるケースも多くあります。いわゆる「ロゴTシャツ」のように、あるデザインを借りてきてコラボレーションするだけで、ユーザの支持が拡大し、ワンランク上の価格帯でも飛ぶように売れるケースもあります。

知財は無形資産ですので、**個人でビジネスを広げるのに扱いやすい**というメリットもあります。在庫を貯蔵する倉庫も必要がありませんし、つくりすぎてしまう在庫リスクもありません。落として割れることも、腐ることもありません。重い荷物を輸送する必要もなければ、その費用もかかりません。関税がかかることもなく国境を軽々と超え、地球の反対側にいる人にも価値を届けることができますし、その**拡散力はもはや破壊的**です。そんな性質から、個人でもつくり出しやすく、またそれを上手に活用することで収益化しやすいのです。デジタルの力によって、会社という形態でなくとも、**個人が世界を変えられる時代が来た**と言われるのは、こうした知財の無形資産としての特性によるところが大きいのです。

インターネットが普及し、5Gによって通信面の制約が少なくなってきた現在、このような事例は私たちのまわりに溢れ始めています。今後は、こうしたライセンス実務が広がることで、知財コンサルタント等の役割も広がっていくと予想されます。知財の活用方法が多様化する中、**専門家の育成が急務**となってくるでしょう。

その前提として、日本企業各社も知財をミックスで活用する意義と役割を認識しておく必要があります。次章では、そのような知財活用の具体的な方策について検討していきましょう。

第4章

ミックスした知財で価値を提供する

知財を提供価値に変換させる知財ミックス

第4章では、知財を事業に活用し、価値に変換するための実践的な方策について考えていきましょう。個々の実践行動については、第5章で具体的な進め方を紹介しますので、ここでは、その活かし方に関する秘訣について見ていきます。

第1章で挙げたとおり、そもそも日本人は優れた技術やアイデアを持っている国民であるため、良い商品やサービスが選ばれる時代であれば、その技術力やアイデアに加えて、生来持っている国民性としての勤勉さを活かして世界市場でも有利な戦いをすることができました。しかし、今は時代が変わっていることはこれまでお伝えしたとおりです。

本書で繰り返し述べてきたように、自社が掲げるビジョンを軸に、表現したい世界観を明確にした上で、技術やアイデアだけでなく、デザインをはじめとする知財を張り巡らしていくことが、現代において競争力のある企業の条件となりつつあります。日本企業も、それを愚直に行っていかなければ、生き残ることができないと言っても過言ではありません。

世界も認める最良のものがあるにもかかわらず、それを価値に変換し、社会や顧客に普及・

浸透させることで持続的な収益をもたらす仕組みが構築できていないのは、なんとももったいないことです。それによってイノベーションが完成せず、世界の企業と肩を並べることができなくなっていったことが、「失われた30年」の正体でした。

個別の企業だけの話ではなく、国全体としても衰退してしまう恐れがあります。なぜならその背景に、自前主義に陥りがちでオープンイノベーションが苦手である、他社に自社の技術やアイデア、ロゴをライセンスで使わせてブランド価値を高める発想がない、「稼ぐ」ということに対してネガティブな印象があるなどは、日本人の生来の国民性に関係しているからです。しかし、**素晴らしい武器をつくれる才能**を持ち合わせながら、それを活かさず、**戦場に出ていくこともなければ、戦利品を勝ち取ることにも興味がない**のでは、「ジリ貧」になるのは目に見えていますし、あまりにもったいないことであると思います。

根本からマインドを変えることが必要ですが、一朝一夕にマインドを変えることはできません。マインドを変えて行動できる人は、一念発起して信念を貫ける、実行力のある人だけにとどまってしまうでしょう。そして哀しいかな、**実行力のある人は、すでに海外に出て活躍を始めています**。

本書で紹介する「知財ミックス」は、「マインドを変えよう」という精神論的な提案ではなく、**愚直に実践すればよいだけのテクニック（手法論）**について掘り下げていきます。

その内容は、国の政策に依存するのでもなく、経済環境が好転するのを祈るのでもなく、**企業レベル・個人レベルで自らが実践できる手法論**です。明日からでも実践することができ、それを実践しているうちに結果が出て、自信もついてくるので、気が付いたらマインドも変わっているという好循環が生まれます。

その有効性については、実際に知財ビジネスプロデューサーとして、数々のクライアントとともに成果を上げている私自身が保証します。

この手法が使える前提条件はひとつだけです。それは、**「良い知財を持っていること」**。先に挙げたとおり、日本の企業の多くは、すでにこの条件はクリアしており、その時点で一歩アドバンテージがあると言えます。

しかも、この知財ミックスは大量の資源の産出を要するものではありませんし、人の頭数が必要となる〝人海戦術〟でもないので、資源大国ではない日本、人口が減少している日本にこそ、うってつけの手法論となります。

もちろん知財リッチなだけで満足してはいけません。むしろここからが大事です。

「知財ミックス」は次のような**5つの実践行動**が必要不可欠となります。具体的なやり方は第

5章で詳細に解説しますので、ここでは簡単な紹介に留めておきますが、この**5つの実践行動を愚直に続けること**が、遠回りなようで何よりの近道となります。

実践行動① ～「未来の社会・顧客の課題・ニーズ」を設定する～

未来の社会・顧客の課題・ニーズを正しく把握し、何が価値になるのかを正しく予測すること。受験戦争の弊害からか、日本人は与えられた正解のある問題を解くことは得意ですが、**課題・ニーズから正解のない問題を自分でつくって解きに行く**のは苦手です。だからこそ、その部分から訓練することが求められます。学歴や職歴も関係ありません。誰にでもできる訓練です。

実践行動② ～「収益」を生み出す仕組みをデザインする～

社会・顧客への提供による収益化を見据え、ビジネスモデルとして組み立てること。売上・利益目標を設定し、達成するための成立条件（いつ、誰に、何を、どこで、どのように、いくらで）を明確化します。その上で、**どうしたら稼ぐ仕組みを確立することができるかを考えて徹底的にデザイン**し、その仕組みが確立するまで粘り強くやり切ることが大事です。稼ぐことは汚いことでもいやらしいことでもありません。また、稼ぐ仕組みがしっかりしていれば、お金を出して応援してくれるスポンサーも現れるでしょう。いくら良い知財を持っていても、それが稼ぐ仕組みになっていなければ、お金の出し手はいないのです。

実践行動③　～内外の技術やアイデアを資産として見える化する～

ビジネスモデルを成立させる革新的な技術やアイデアなどの知財を幅広く集めて、ビジネスモデルにつながるように正しく結合させること。知財の結合のさせ方が革新的で、会社の先輩や同僚が築き上げてきたルールや常識と異なっていても恐れてはいけません。**バックキャスティングから生まれた常識外れなアイデアほど反対されるもの**です。それを恐れると思考停止になり、せっかく良いものを持っていても価値に変換できなかった歴史を繰り返すことになってしまいます。

実践行動④　～パートナーとの積極的な共創により、知財のパワーを増強する～

ビジネスモデルを成立させるのに必要な知財のうち、自分で持ち合わせていないものがあれば、それを持っている人（企業、研究機関、研究者など）に恐れずにリーチし、その人との共創により不足している構成要素を獲得・補完しに行くこと。オープンイノベーションによる「共創」が大事であって、決して「侵略」に行くのではありません。ご自身が着目した**未来の社会・顧客の課題・ニーズを信じて、変えたい未来について社外の人にしっ**

かり共有しながら、共創の提案を進めてみてください。

実践行動⑤　～リスクを適切に評価し、対応策を周到に打つ～

周到にリスクを抽出してこれを冷静に評価し、適切なリスク対策を打つこと。革新的であればあるほど、社会・顧客に普及・浸透させるのは簡単なことではありません。様々な壁が立ちはだかり、失敗するリスクは当然あります。オープンイノベーションを進めるとしても、信頼していたアライアンス先から裏切られないという保証もありません。いくらチャレンジ精神が重要とはいえ、向こう見ずなギャンブルをすることを勧めているわけではありませんので、**打つべき対策はしっかり打っておきましょう。有効な手段に、知財の権利化や知財コンソーシアムへの参加**などがあります。

これら知財ミックスの5つの実践行動を愚直に続けていけば、なかなか変えることが難しい日本人固有の変われない原因を克服し、次の10年は「ドカ貧」からの逆転が狙えることでしょう。

アップルが実践する5つの行動

知財ミックスの実践行動を実行する際のお手本はすでにあります。これまでに何度も触れてきているアップルがその代表です。アップルは、すでに私たちの生活に馴染みがあることに加え、世界中のファンを魅了していますので、彼らの実践行動を見ていると、知財ミックスの方法論もイメージしやすくなるはずです。

実践行動①　～「未来の社会・顧客の課題・ニーズ」を設定する～

iPhoneをはじめとしたアップルの製品・サービスに**五感のすべてをゆだね、日常を快適に過ごすことができる**という唯一無二の世界観でファンを魅了し続けることが顧客価値になっています。また、アップルの製品・サービスには、日本企業の製品にあるような分厚い説明書などは付属しません。説明を読むよりも、なんとなく操作していくうちに、使いこなせてしまうような工夫が随所に盛り込まれているためです。iPhoneの場合も、スクロールしたり、拡大したり、フリックで文字を入力したりなど、触っていくうちに操作を身体が覚えていきます。それを繰り返していくと、アプリやブラウザの基本操作もすぐマスターできますし、頭で考えなくても自然と使いこなせるようになります。こんなところにも、日常をアップル製品で囲まれて過ごすことの心地よさを徹底して提供する精神が表れています。

実践行動②　～「収益」を生み出す仕組みをデザインする～

iPhone、iPadなどの主力製品に加えて、Apple Watch、Apple Vision Proなどのウェアラブル、AppleTV、HomePodを中心とした**デバイスを展開するハードウェア事業部門**を主軸に、**収益化を支えるためのインターネット及びサービス事業部門、小売及び店舗事業部門**などが互いに連携し合いながら、継続的に稼ぐ仕組みを強固につくりあげています。

実践行動③　～内外の技術やアイデアを資産として見える化する～

ユーザ視点で考えてみると、まず目を引くのは美しいデザインです。各種デバイスからアイコンのインターフェースまで、**誰からも美しいと思われるような洗練されたデザイン**を採用しています。他社の製品よりも圧倒的に美しいため、ファンとの関係性も長く強固になるのです。もちろん、見た目の良さだけでなく、**直感的に使える**という特徴もあります。**会社のセキュリティ方針**にも即対応できる仕組みによって、法人顧客も大量に抱えているはずです。テクノロジーという観点からも、**アプリ間の連動やその進化**など、ユーザのことを考えて改良を加えながら、ファンの心をつかんではなさない商品・サービスを生み出しています。メディアの多くがアップルの意匠や商標登録の知財情報を調査し、未発表の将来製品の名称や機能、発売時期等について考察し、報道していることからも、アップルの知財が商品・サービスの鍵を握っていることが分かるでしょう。

実践行動④ ～パートナーとの積極的な共創により、知財のパワーを増強する～

Apple Systemという知財を核としたプラットフォームを形成し、そこにOEM企業、サプライヤー、ライセンス取引先の企業、共同開発企業、異業種のパートナー企業を接続させ、知財を共有し合う徹底したオープンイノベーションを実践しています。

実践行動⑤ ～リスクを適切に評価し、対応策を周到に打つ～

真似されないために**各国で特許を取得し、意匠や商標なども権利を獲得**しておき、**他社が真似をした場合は裁判で勝てる体制**を整え、事業競争力の保護も実現できています。保有している商標権のうちDesign Onlyに属する商標は25％を占め、全体と比較して6・5倍、日系企業と比較しても約3倍の高い割合となっています。アップルはUtility Patent、Design Patent、Trade Dress、Trademarkを含む約30件の知財侵害でサムスンを起訴し、米国カリフォルニア州北部地区連邦地方裁判所は約10・5億米ドルの損害賠償をサムスンに命じました。

このようにアップルは、5つの実践行動で攻めと守りをしっかりと固めているために、揺らぐことのない地位を世界市場で築くことに成功しているのです。

組織体制と「知財戦略部門」のあり方について

事業で知財を活用するにあたり、知財ミックスを立案・実行する部門のあり方についても再検討していく必要があります。経営に知財ミックスを組み込んでいくためには、知財とマーケティングや他の部門との距離を近づけていく、いやむしろ完全に一体化していくことが重要で、それによって全社的に世界観を表現できるようになります。

先述の通り、アップルは、同社の世界観をつくるために経営企画部門の中の**IPカウンセル（知財戦略部門）**と各部署が協働し、横串で知財をコントロールすることによってぶれることのない商品・サービスを生み出し続けています。日本企業の多くは、そこまで徹底できておらず、知財部と他部署の連携もとれていないことが多いのが実情です。

中には、知財部は知財を特許庁に登録することだけが仕事だと捉えている人もいるかもしれません。そうではなく、いかに自社の製品や技術を活かし、ビジョンや世界観の実現に役立てていくのかを踏まえて、より有効な打ち手をミックスさせつつ行動していくことが求められます。

例えば、アップルには事業部門ごとに**コマーシャルＩＰ（事業知財部）**がいます。ブランドやデザインなどで横串を刺した体制で事業を行っています。それにより、同社ならではのハーモニーが生まれ、ぶれることなく事業を展開できているわけです。特許、商標、意匠など、それぞれが個別に存在しているのではなく、**一糸乱れぬ調和を維持しながらアップルの世界観をつくり上げて**おり、それを全社員が理解し、組織体制としても工夫しているからこそ、多くのファンから選ばれる強固な競争力を実現できているのです。

もしコマーシャルＩＰが事業部門間で分断し、いわば〝縦割り〟のような体制になっていたら、ビジョンや世界観を全社的に表現するのは難しいでしょう。いくらヒット商品を生み出せても、それが他の商品と一体となってひとつの世界を構築していなければ、アップルのような統一感は生み出せません。

メーカーの場合は、花形部門としての企画や開発、製造、販売があり、それぞれの知財に対して、知財部が受け身に対応している場合が少なくありません。良いものが売れる時代であればそうした認識でもよいのかもしれませんが、知財部がマーケティングと一体となって全社的に機能していないと、いつまで経っても世界市場における競争力を高めることは難しいでしょう。

多くの日本人が想像するような従来の知財部とはまったく異なる概念の部門として、アップルのＩＰカウンセルのような**「知財戦略部門」**が機能することができれば、独自の世界観を表現しながら「攻め」や「守り」の体制を整えることができます。もちろん、その機能を今の知財部が担えるのであれば、新たな部門を創設する必要はありません。

いずれにしても、こうした発想のもとに**全社の知財をミックスで活用するための戦略を立案及び実行できる部門**がしっかりと機能するように進化することが、日本企業として大きな前進となるのです。

世界最大の食品・飲料会社である「ネスレ」も組織全体で、知財によって世界観を打ち出そうとしている企業のひとつです。

欧州各国の都心の目抜き通りに「ネスレカフェ」というカフェがあります。ここでは、コーヒーを提供しているだけではなく、ネスプレッソのラグジュアリーな世界感に浸れるような工夫が随所に施されています。そして、実はこの「ネスレカフェ」、ファンとの接点をつくりながら抽出方法などの技術、味や香り、機材やカプセルのデザイン、音楽や映像など、**ネスレの提供価値を最大化するための知財を生み出し、増強するためのラボ**になっているのです。「ネスレカフェ」を中心に形成されたネスレのコミュニティは、まさにアップルストアのように**ファンを集め、より強固に世界観を浸透させる**ことに成功しています。

「ネスレカフェ」でワークショップを開いてファンの生の声を反映しつつ、次の商品・サービス開発へとつなげていけば、競争力を高めながらより望ましい事業運営が可能となるというわけです。昨今では、**ネスレのビジョンに共感するファン自身が自発的にアンバサダー**となり、自身のSNSで「ネスレカフェ」での体験を発信するなどの現象も起きているそうです。

コミュニティの力ほどファンを動かすものはありません。ファンを通じて、知財を駆使して世界観を打ち出していくことによって独自色を出すことができ、そこから新たなファンも生まれてきやすくなるのです。

こういった柔軟な対応は、老舗企業よりもスタートアップの方が取り組みやすいかもしれません。知財を戦略的に活用する姿勢があれば、オリジナルの価値を提供することも可能となります。そこから、次世代の企業が生まれていくのです。

新規事業開発で知財ミックスを活用する

いくら知財活用を進めるとは言っても、既存の会社で、いきなり縦割りの構造を壊して組織改革をするのは難しいかと思いますが、働きかける方法はあります。そのための具体的な方策について見ていきましょう。

まず思い浮かぶのは、組織単位ではなく個人ベースまたはプロジェクトベースで動けるような仕組みです。その前提となるのは、マーケティングを強く意識した知財ミックスを目指す体制です。具体的な組織体制の一例として、アップルの知財ミックスの取組プロセスを通じて、その中身を解説していきます。

先述のとおり、アップルの会社全体の**「知財戦略部門」**として、本社の経営企画部門に**IPカウンセル**があります。これは、コーポレートR&Dの中に位置することで、R&Dと知財が連携する社内体制を構築するものとなります。また、R&Dと知財の連携を推進するために**R&Dの研究者からIPカウンセルへ異動するというキャリアパス**を用意することで、異動後はIPカウンセル内で**特許アシスタント（知財担当者）**として、技術視点で知財戦略立案から出願実務までをサポートする職位となります。

さらに、事業戦略に整合した知財ミックスを実行するための機関として、事業部門内に**コマーシャルIP（事業知財部）**が存在しています。マーケティングと連携しながら知財ミックスの評価にも関わり、対競合戦略に加え、場合によっては知財を活用し、アライアンスの検討やライセンス、コストメリットに応じた製造委託判断等を実施します。

出願・権利化や戦略立案に技術の把握が欠かせないため、IPカウンセルはコーポレートR&Dの中に存在させています。重要案件はすべて出願を内製化するため、知財実務部員を社内に抱え込んでいます。また、R&Dの特定の人材にIPカウンセルへのキャリアパスを準備し、特許アシスタントとして、IPカウンセルを技術視点で補佐する役割を持たせ、知財ミックスの立案にも重要なポジションを与えています。

コマーシャルIPには、**定期的に技術・市場の動向それぞれがレポーティングされる仕組み**があり、**知財が技術とマーケティングの架け橋**の位置づけとなって、知財ミックスを立案します。彼らは、マーケティング視点で知財戦略を評価する機能を持つ知財担当者であり、技術の出口と収益化を想定した戦略でないと、コマーシャルIPから承認されません。

次に、事業化に向けたプロセスについてですが、Early Stage（前半ステージ）では技術内容をオープンに開示して他社を呼び込むのに使用するのか、それともクローズに秘匿化して自社の中だけで活用すべきかの**オープン&クローズ戦略を検討**し、Later Stage（後半ステージ）では技術、ブランド、デザイン、デジタルなどの知財、競合・政策の動向をまとめた**統合戦略レポートが作成され、戦略立案**が行われます。

図表14：マーケティングを強く意識した知財ミックスを目指す体制

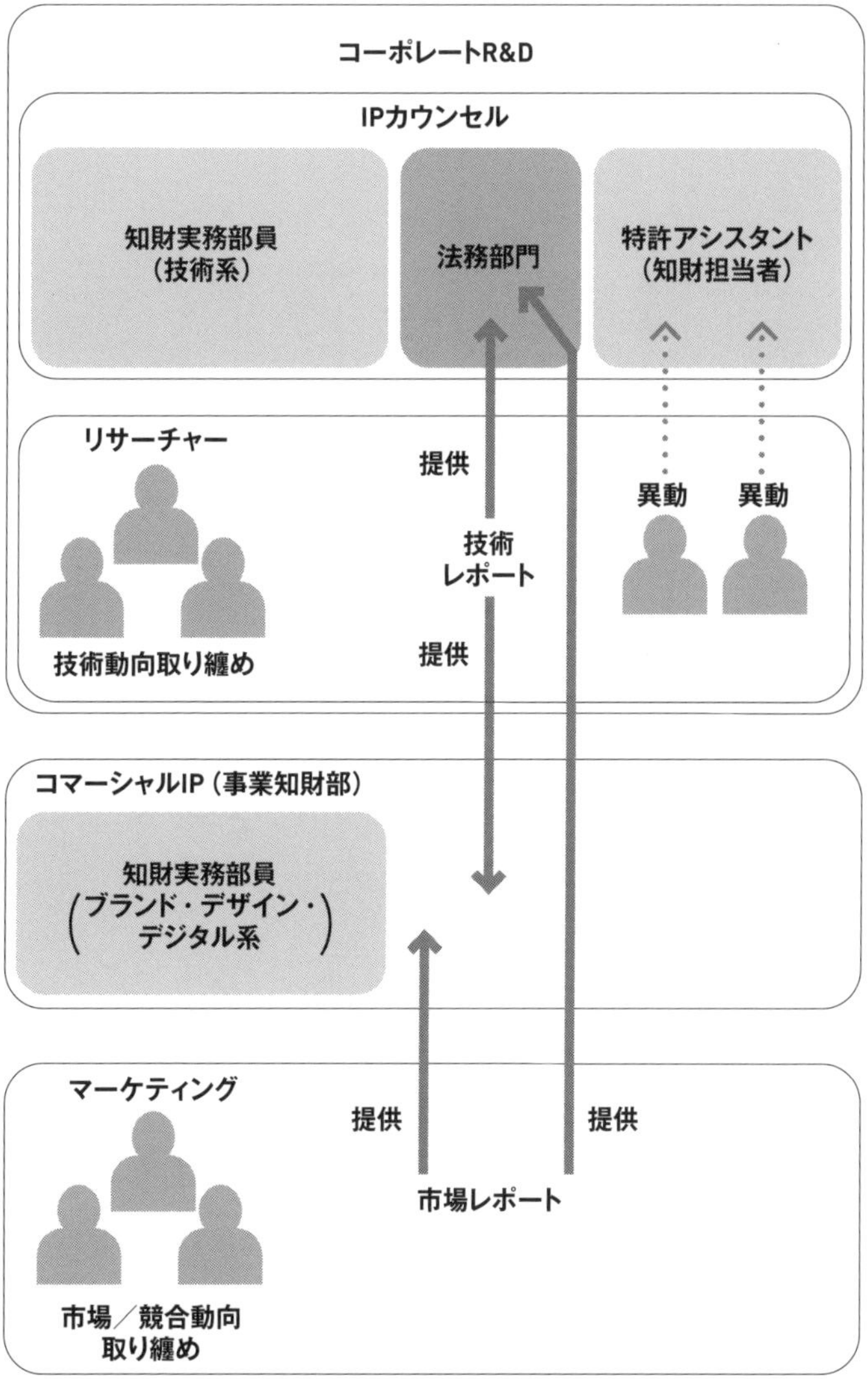

また知財情報の収集では、アップル内で構築している独自のデータベースを活用して分析が行われます。技術戦略、知財戦略、マーケット戦略が三位一体となって策定された**商品・サービスの戦略は、事業部門のコマーシャルIPがマーケティングと連携して最終承認**します。

これらの過程においては、「収益創出」、つまり稼ぐことを重視し、知財をミックスで活かせる人材の育成プログラムを整備することも欠かせません。アップルはこうした取り組みにも力を入れており、知財に関する専門人材を積極的に育てています。

日本国内においても、経済産業省が主導するかたちで「知財人材スキル標準（version 2.0）」が定義されており、次のような説明がなされています。

知財人材スキル標準（以下、「知財スキル標準」）は、企業における知的財産の創造・保護・活用に関する諸機能の発揮に必要とされる個人の知的財産に関する実務能力を明確化・体系化した指標であり、知財人材育成に有用な「ものさし」を提供しようとするものです。知的財産推進計画２００５や知的財産推進計画２００６において、知財人材のスキルの明確化や知財人材に求められるスキルの基準等の策定が提唱された背景もあり、２００７年に経済産業省によって策定されました。知財スキル標準は、**戦略スキル及び実行スキル**から構成されており、企業では必要に応じてカスタマイズされて活用されています。

図表15：商品・サービスのコンセプト設計から知財が関与する事業化プロセス

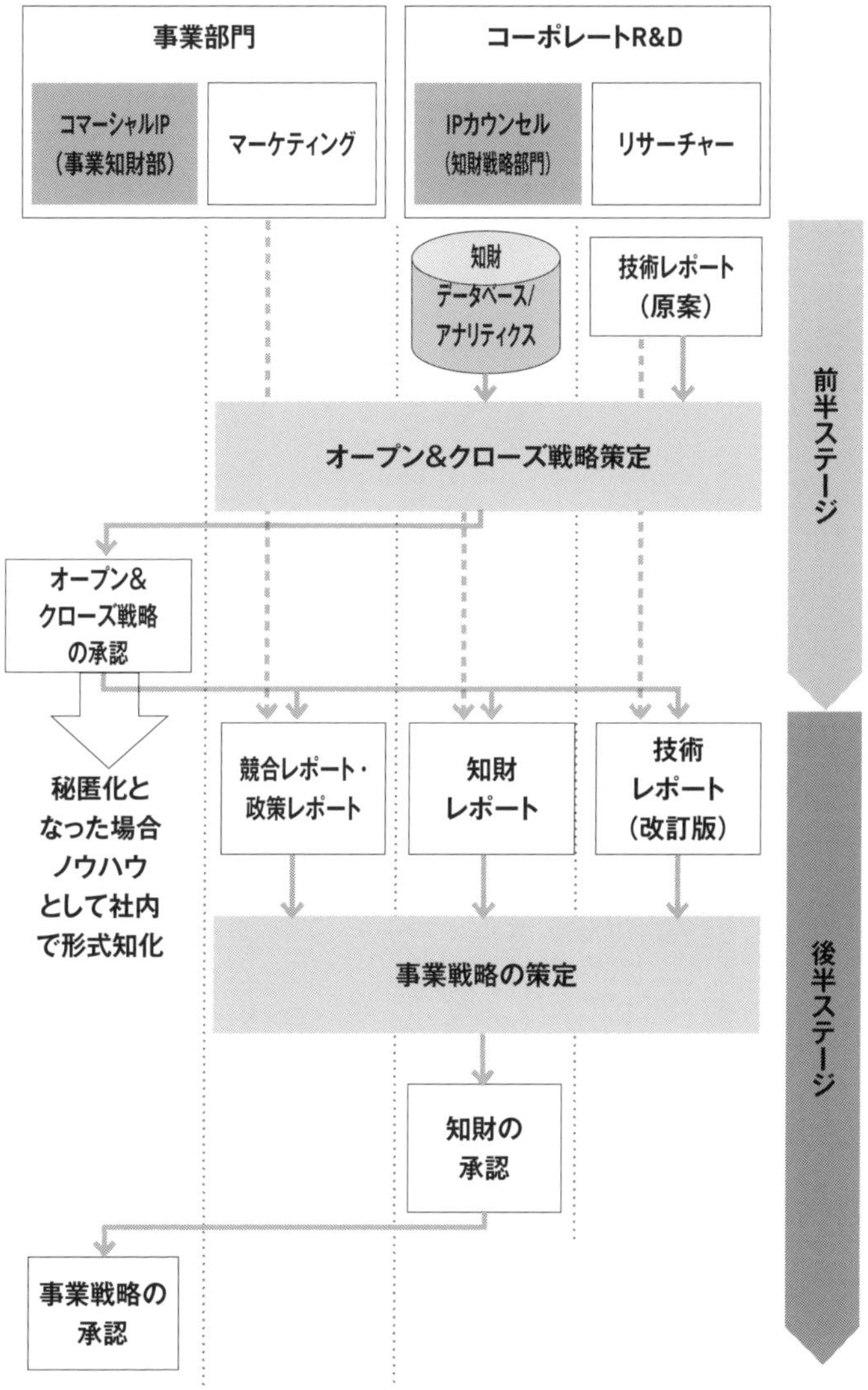

図表16：知財スキル標準フレームワーク

戦略 (1)	戦略 (1.1.1)			A：IPランドスケープ C：オープン & クローズ戦略	B：知財ポートフォリオマネジメント D：組織デザイン
実行 (2)	管理 (2.1)		情報 (2.1.1)	A：情報開示 C：システム	B：情報収集・分析
			人材(2.1.2)	A：教育	B：インセンティブ
			法務 (2.1.3)	A：営業秘密 C：法的審査	B：規定 D：法令情報収集・分析
			リスクマネジメント (2.1.4)	A：係争対応 C：他社権利排除	B：他社権利監視 D：ブランド保全
			予算 (2.1.5)	A：査定 C：資金調達	B：管理
			アウトソーシング (2.1.6)	A：調査会社 C：法律事務所	B：特許事務所 D：翻訳会社
	実務 (2.2)	創造（調達）	調査 (2.2.1)	A：先行資料 C：パテントマップ	B：他社権利
			知的創造 (2.2.2)	A：研究・開発 C：コンテンツ開発	B：デザイン開発
			創造支援 (2.2.3)	A：ブランド創出支援 C：コンテンツ創造支援	B：発明支援 D：デザイン創造支援
			委託・共同研究 (2.2.4)	A：研究開発委託	B：共同研究
		保護（競争力のデザイン）	ブランド保護 (2.2.5)	A：商標権利化	B：事務
			技術保護 (2.2.6)	A：国内特許権利化 C：国内事務	B：外国特許権利化 D：外国事務
			コンテンツ保護 (2.2.7)	A：申請	B：事務
			デザイン保護 (2.2.8)	A：意匠権利化	B：事務
			渉外 (2.2.9)	A：条件交渉 C：権利処理	B：ルール形成
		活用	エンフォースメント (2.2.10)	A：侵害判定 C：国内訴訟	B：侵害警告
			価値評価 (2.2.11)	A：定量評価 C：棚卸し	B：定性評価

出典：特許庁「知財人材スキル標準（version 2.0）」より作成

ただ、こうした指標に基づいて世界市場で戦える知財人材が育成されているケースはまだ日本では少ないのが実情です。その理由としては、日本企業の知財部ではマーケットで稼ぐことが重視されておらず、研究開発部門から出てきた発明をただ特許にすることに主眼が置かれているからです。

これからはマーケティング部門と協業したり、新規事業創出に直接関与したりしながら、新しい商品・サービスをつくっていく姿勢が求められます。そのような人材を育成することが、戦略的な知財の活用とそれに伴う競争力の向上につながるはずです。知財部が担うには荷が重すぎるようであれば、アップルのように、**本社の経営戦略部門がこの機能をもつ**ことも検討できます。

アップルは、知財人材の役割を**プロフィットメイカー（収益創出人材）**として定義し、ビジネスを強く意識した知財戦略を立てる風土づくりを実践しています。同社はビジネス起点の知財戦略を立案するため、IPカウンセルが積極的にマーケティングと連携することで、アップルのブランド、デザイン、デジタル（データ／アルゴリズム等）、技術を熟知し、知財をミックスで活かせる人材が、**戦略立案から知財実務までを行うカルチャー**を形成しています。

また、知財をミックスで活かせる人材を育成する仕組みとして、多様なプログラムを準備し

図表17：収益創出を重視した
アップルの知財人材育成プログラム

知財人材の価値

知財人材の役割は、
Administratorではなく、Profit Makerと定義

・収益創出のために、知財実務の知識から知財戦略立案の考え方までをカバーする知見を持っていること
・知財と事業のつながりを強く意識していること

How to deal with global office actions Recent Development in global patent law and practice Practitioner Perspective: After Final practice and information disclosure Statements	**知財実務／各国の法制度** ・出願手続き ・地位ごとの法制度概要や変化 ・知財実務に関する過去事例
The Ethical and practical consideration of serving on a Nonprofit Board Ethical Issues for In-House IP counsel Your Ethical Responsibilities-Lawyers Helping Lawyers	**知財リテラシー** ・弁理士・弁護士との役割分担、連携 ・知財業務内製化が必要な事例、その際のメリット ・異なる専門人材の知識共有の促進
Nixon Peabody In-house APPLE CLE Update pf Patent Invalidation & Patent Infringement Litigation Practice	**訴訟対応／他社特許の無効化** ・自社の知財訴訟の事例、訴訟時に取るべき処置 ・他社特許無効化の判断観点、及びその手続き

ています。**知財の出願手続き**はもちろんのこと、**知財リテラシーや訴訟対応／他社知財の無効化**等、自社の過去事例を学ばせながら教育しています。自社の事例を研修内に組み込むことで、知財活動担当が自分ごととして理解し、活動することができています。

知財ミックスによる「エコシステム」の構築

特許をはじめとする多様な知財に対して敏感になることは、世界の企業と伍していくためだけでなく、日本国内での〝仲間づくり〟を進めていくことにもつながります。

現代はＶＵＣＡ時代であると言われ、事業環境が高速で変化していく中、どの企業もグローバル市場で戦っていかなければなりませんが、そのためには自社だけで戦うのではなく、他社との連携をより進めていくことも必要です。

その際には、国内企業が**「エゴシステム」**（自前主義や排他主義により、孤立しながら自社だけ生き残ろうとする戦略）に陥るのではなく、**「エコシステム」**（企業同士が協業・連携することで共存していく生態系的な仕組み）へと発想を転換していくべきです。ここでも、知財ミックスは、エコシステムの構築に大きく貢献するはずです。

そのお手本として、「AUTOSAR（オートザー）」が挙げられます。AUTOSARは、AUTomotive Open System ARchitectureの略で、欧州自動車メーカーを中心に、車載ソフトウェアの共通化を目指して2003年に設立された団体です。また、車載ソフトウェアの共通化を実現するためのプラットフォームの仕様の名称でもあります。このコンソーシアム（企業連合）に名を連ねているのは「BMW」「ボッシュ」「コンチネンタル」「メルセデス・ベンツグループ」「フォード」「ゼネラルモーターズ」「ステランティス」「トヨタ自動車」「フォルクスワーゲン」などで、まさに世界を代表する自動車関連企業が参加しています。

いずれも単体でも競争力のある企業ばかりですが、そこには各社のうちのいずれかが勝ち残ればよいという発想ではなく、いろいろな会社が組むことで**自動車業界全体をしっかり支えていこうという考え方**があります。起点となる車載ソフトウェアに関する基本的な知財は主にボッシュが拠出し、この知財の活用に関するルールを規定してハブ機能を果たしつつ、**知財を各社で活用しながら、役割分担により追加的な開発**を実行しています。また、参加企業の共同開発によって生まれた新たな知財に関しても、各社が活用しやすいように代表機関としてボッシュがマネジメントしており、**参加企業同士の仲間づくり**をサポートしています。これもまた、新時代の知財ミックスのひとつの形であると言えるでしょう。

もちろん日本企業同士でも、コンソーシアムのような連携はありますが、ハブ機能を担う企業が知財を自ら拠出し、それを参加企業同士で共有し合い、ともに世界で戦っていくという姿勢は、なかなか見られません。その点、AUTOSARをはじめとする海外の事例から学ぶことは非常に多いと思います。

「共存共栄」という言葉があるように、自分たちの技術的な標準をしっかり固めて、必要な特許を取得するなど、業界全体として未来を見据えた取り組みをするのも重要です。特許とは言っても、必ず独占的に使用しなければならないわけではなく、**ルールを決めて共同で運用すればよい**のです。

そういった仕組みを上手に活用しながら、ともに繁栄していける環境を構築できれば、日本国内だけでなく世界でも戦える業種・業態が増えていくかもしれません。

そのためには、日本の慣習であるクロスライセンスをより発展させ、AUTOSARのようなコンソーシアムの形態を模索するのも手です。現在、日本のとくに家電や通信機器などの業界で行われている同業企業同士のクロスライセンスの仕組みは、あくまでも訴訟を回避するための苦肉の策であって、企業間のオープンイノベーションを促す仕組みではありません。

その点、AUTOSARをお手本としたコンソーシアムにあるのは、ただ権利を守り合うだけの関係性ではなく、**「健全な競争」**です。競争があることによって互いに切磋琢磨できますし、規律を設けて特許を使えるようにしておけば、それぞれの事業を推進することができます。

これは、先述したクロスライセンスとはまったく異なるあり方です。

もしかすると、業界間の企業をつなぐ商社のような業態の企業が音頭を取って、知財を含む健全な競争環境を構築することもできるかもしれませんし、外部の知財専門家が仲立ちとなり、環境を整備することも必要であると考えています。

いずれにしても、中立的な立場を取りながらも、全体をマネジメントできる事業者が間に入ることによって触媒となり、**異業種同士が競争環境を維持しながら互いに関与し合う関係性**を築ければ、日本の企業間の知財活用もより進んでいくと思われます。

私が経営するコンサルティング会社「テックコンシリエ」も、小規模ながらそのような異業種・異職種の人材が集い合って、体験型のゼミを通じて新規事業のアイデアを発案する**「未来価値創造ゼミ『BUILD』」**を展開するなど、動き出しを開始しています。この点については後述します。

さて、これまでお話をしてきた通り、日本企業各社が知財活用を全体戦略として進めていけるかどうかは、現場の行動が大きく関係してきます。海外の事例や仕組み、ノウハウなどは少しずつ蓄積されていますが、それを実行に移すだけの意欲がなければいつまでも変わりません。

これは、日本企業と海外企業との「イノベーション」の差にも表れています。高度成長期のように既存の技術やノウハウを活かして愚直に行動していくだけでなく、その企業としてのビジョンや世界観を実現するために、知財をミックスで活用しながら、全社一丸となって行動することによって未来を変えることができます。

そして、未来からのバックキャスティングによって、**逆算で導き出した方向性をもとに、活用するべき知財を利用し、世界観をねらい通りにつくりだしていけば、そこにイノベーションの種が生まれる**のです。日本の企業各社が、そして各個人が意識を変えてそこまで広げられるかどうかが、日本の未来を左右することにもなるでしょう。ぜひ、海外に目を向けて、知財ミックスの方法論を参考にしてください。

知財ミックスの実践における注意点とは

本章の最後に、知財ミックスをはじめとする新しい方策を実践するにあたり、注意しておきたい点についても触れておきましょう。

これまで十分に活用されてこなかった知財をビジョン経営とともに全社戦略として活用を考え、実行することは大事ですが、状況に応じて慎重に対処することも大切です。

まず一番注意しなければならない点は、「突っ走りすぎてしまう」ということです。

過去に「オープンイノベーション」が流行したときには、このような傾向が見られました。

例えば、様々な業界で「仲間づくりをしよう」と様々な動きが見られたものの、なかなか連携がとれず、最終的には**情報だけ取られてしまうケース**があったのです。

とくに他社との連携においては、情報漏えいに細心の注意を払っておく必要があります。知財関連では、権利化しておかなかった自社の知財を、かつて一緒に組もうとしていた他社が無断で使用していたということもありましたし、逆にすでに連携を解消している他社の知財を知らず知らずのうちに自社で使用していたなどということもあります。そうしたことが後々係争に発展して、「オープンイノベーションはこりごりだ」という企業のイノベーション担当の声を聞いたこともあります。そうしたことがないよう、事前に状況をよく把握した上で、できること・できないことを見極めていく必要があります。


オープンイノベーションの場面でなくとも、知財に関しては権利侵害に対する対策が重要です。例えば、音楽業界においても、楽曲を新規で発表したり、イベントなどで演奏したりする前に、著作権侵害にならないように類似した曲がないかどうかをチェックするはずです。当然、各音楽事務所には専属の弁護士がいますので、専門的な知識も踏まえて調査し、裁判等で問題にならないように対策をしています。

同じように、製造業の会社が事業を開始する際に、特許に関する調査会社を活用する場合もあります。大企業であれば、知財部に特許調査員などがおり、**FTO調査**（Freedom To Operate。新製品を市場に出す前に行うべき調査）を実施し、事業を実施するのに問題がないかどうかを確認するために、その製品が既存の特許、あるいは公開された潜在的特許に抵触しないかを様々な観点から調査します。この調査には相当の実務経験を必要とします。もちろんコストはかかりますが、知財活用を盤石な体制で進めていくためにも必要なことです。

一件あたり数十万から１００万円単位で費用がかかることもあるため、スタートアップなどではその捻出に苦労するかもしれません。そうした部分をカバーするために、ベンチャーキャピタルと連携した弁護士が支援するケースもあります。

費用を抑えたいのであれば、社内できちんと調査をした上で、最終チェックの段階で依頼するという方法もあります。費用を節約しながら、権利の面で問題がないように事業を進めていくことは可能ですが、いずれにしても、**事前の調査**が大事です。

この点でもアップルのＩＰカウンセルの取り組みは非常に参考になります。知財を核としたプラットフォームであるApple Systemの守護者としての定常的な活動として、ＦＴＯ調査、出願・権利化、係争対応を中心に取り組む部隊がいます。また、Apple System内のオープンイノベーションを維持するために、オープン&クローズの境界の設計、コミュニティに迎え入れる企業の知財評価や知財契約などの実務を行っています。ＫＰＩ（Key Performance Indicator。重要業績評価指標とも訳され、組織の目標達成の度合いを定義する補助となる計量指標のこと）は、**「知財は『Apple System』という企業コミュニティが集うプラット**

フォームであり、ＩＰカウンセルはそのプラットフォームの守護者」という基本ポリシーに則って、事業部門のビジネス上の戦いへの貢献度が基本になっているそうです。Apple System内外のライセンスの数、係争対応の件数、出願件数などを計測していると言います。

こうしたリスク対策ができていれば、大企業もスタートアップと組みながら、もともと持っている特許などを共同で使用するといった環境整備ができます。これもまたひとつのエコシステムの創造と言えるでしょう。共同開発したり一緒に事業を推進したりするだけでなく、知財の観点からも協力することでより大きな動きが生み出せるのです。

高額なライセンス料を支払わなければならない場合は、スタートアップとしては資金面で厳しくなります。そこで、**株やストックオプションなどを活用する**といった手法で、費用の捻出を抑えながら、未来に向けて事業をつくり出すことも検討するべきでしょう。

また、大学発スタートアップが、大学がハブとなって構築する大学エコシステムに所属し、大学に帰属する知財を活用しながら成長するケースも挙げられます。

東京大学からは過去に「ペプチドリーム」（特殊ペプチド創出技術を応用した医薬品開発）というスタートアップが誕生しています。また「ユーグレナ」（ユーグレナ（和名：ミドリムシ）を中心とした微細藻類に関する研究開発・生産、食品・化粧品の製造販売、バイオ燃料の技術開発等）や「モルフォ」（スマートフォン・半導体・車載・産業ＩｏＴ・スマートシティ

図表18：大学知財ガバナンスガイドラインの狙い

大学・スタートアップ・ベンチャーキャピタル・既存企業（大企業等）のステークホルダーとの協調関係の下、大学知財イノベーションエコシステムを活用し、大学知財の社会実装機会の最大化及び資金の好循環を図ること。

大学知財イノベーションエコシステム

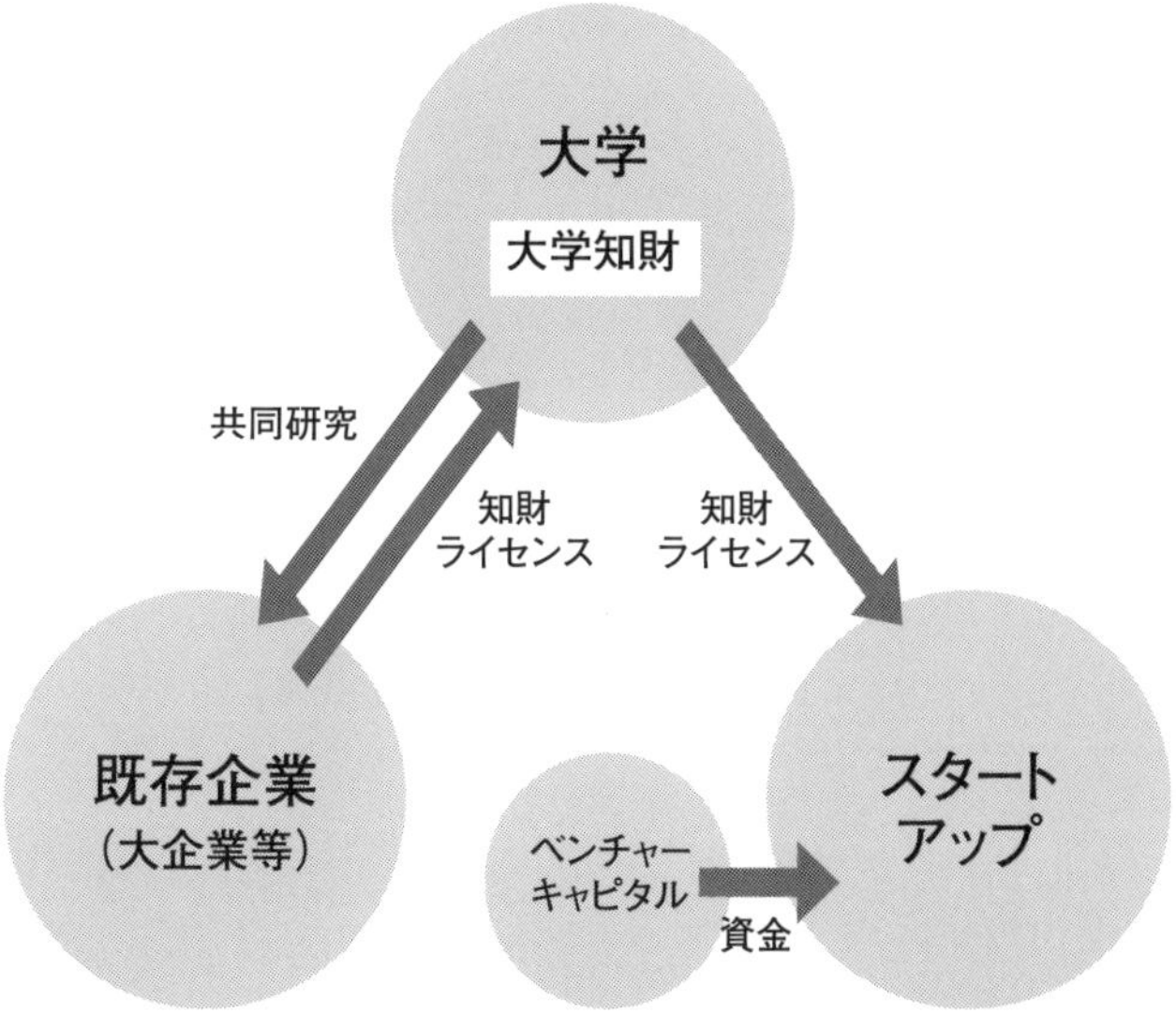

・大学知財イノベーションエコシステムを発展させて大学知財の社会実装機会の最大化を図るためには、各ステークホルダーが、大学知財の社会実装に向けて各々果たすべき役割について、他のステークホルダーと説明責任を果たし合う関係を構築することが鍵。
・大学知財は、大学知財イノベーションエコシステム全体で社会実装機会の最大化、ひいては、社会的・経済的価値の最大化が図られるように取り扱われることが望ましい。
・大学は、自らの経済的価値のみを最優先としないからこそ、ステークホルダーとの協調関係を構築し、大学知財の社会実装機会の最大化を目指す役割を果たすことができる。

出典：内閣府・文部科学省・経済産業省「大学知財ガバナンスガイドライン」より作成

向けのＡＩ及び画像処理技術の研究・製品開発）も東大発のスタートアップであり、大学の特許を活用しながら、そのアイデアやビジョンをもとに研究開発を事業化しています。

そうした場合でも、大学が持つ特許などをライセンス料として取るのではなく、ベンチャー企業として株やストックオプションの発行を引き受けて協力することができれば、将来の可能性に期待しながら事業を育て、場合によっては大きなイノベーションにつなげられるでしょう。

２０２３年３月に内閣府、文部科学省及び経済産業省が連名で公表した**「大学知財ガバナンスガイドライン」**は、大学が有する多くのミッションの中でも、大学の知財の社会実装機会の最大化及び資金の好循環を達成しようとする場合に必要となる、大学における知財マネジメント及び知財ガバナンスに関する考え方を示すもので、先述のような知財を起点としたエコシステムを構築して、イノベーションを起こしていくための実践的な方法を示しています。

以上のように、エコシステムを通じて健全な競争環境、協力スキームなどを日本国内でつくり出していくことが必要となります。その架け橋として、企業が大学やスタートアップが有している知財を精査し、社会実装を目指してどのような使い方がベストなのかをともに考えていくことが大切です。

次章からは、先に紹介した知財ミックスを実践する際の具体的なステップについて詳しく見ていきましょう。

第5章

知財ミックスを実践するための行動

第5章では、本書で提示する知財ミックスを具体的に進めていくにあたり、第4章でご紹介した5つの実践行動について詳細に解説していきます。

本章の行動を愚直に実践するだけで、誰でも知財ミックスを実現することができます。ぜひ、内容をしっかり理解して、明日から行動に移していただきたく思います。

実践行動① 〜「未来の社会・顧客の課題・ニーズ」を設定する〜

未来の社会・顧客の課題・ニーズを設定することがスタートとなります。

とくに日本企業にとって、最初の関門となるのが、未来の社会・顧客の課題・ニーズから考えることとです。ここから開始することで、バックキャスティングによる事業展開の一歩が踏み出せるようになります。

「知財ミックス」と言うと、つい「知財」から考えてしまいがちです。とくに日本企業の多くは自分たちの保有している知財の棚卸から始め、それを前提に何ができるかを検討するアプローチを取りがちです。それはすなわち、自社の強みを再確認することに他なりません。既存の書籍等でもそのアプローチを推奨しているケースも少なくありません。

もちろん、現状把握は重要です。ただ、価値創造のプロセスを自社が保有するリソースや強みの確認からスタートしてしまうと、その延長線上での事業展開しか発想できなくなってしまいます。それでは、いくら優れたシーズを持っていたとしても、時代を先取りした〝価値〟へと変えることができません。そこで本書では、自社の知財の現状把握は、実践行動③に回しています。

もともと日本人は、未来の社会・顧客の課題・ニーズの設定が苦手で、今の強みや既存の知財を洗い出すことの方が得意です。その背景には、用意された正解を求めさせようとする日本の教育にも原因があると思われます。したがって正解がある問題を素早く解くことを得意としていますが、「正解のない問題を自分でつくる」のは苦手なのです。そこで、バックキャスティングのためには、これまでとはまったく異なる訓練を行う必要があります。

バックキャスティングの起点とするものは、10年後、20年後といった長期の視点に立って、**会社や自分自身がつくり出したい未来、ありたい姿、実現したい夢**などから始めることが重要です。そのうえで、自社が取り組むべきテーマを設定する方法としては、いくつかの方法があります。具体的には**「未来の顧客ニーズ起点」「未来の社会課題起点」「未来の技術の変曲点起点」**などが挙げられます。様々な手法にトライしながらブラッシュアップを図るとともに、各パターンの特徴を活かしながら合わせ技で取り組むと良いでしょう。それぞれの起点には次のようなポイントがあります。

・**未来の顧客ニーズ起点**

顧客の声を頼りに現在抱えている課題を探索する。ニーズ思考の訓練ができ、シーズ発想からの脱却が見込める。ただし、顧客がすでに意識していることの中で選んでしまう傾向があったり、消費者が想像もしていなかった発想にはリーチしづらかったりする点に注意が必要となる。

・**未来の社会課題起点**

SDGs等で謳われている社会課題の中から課題を探索する。ステークホルダー（顧客や株主等）からの共感を得やすい。ただし、自社が取り組む理由・意義が見つけにくく、またSDGsは発展途上国の課題が多いため〝遠い〟印象がある。そこで、課題大国である日本が抱える社会課題に着目し、顧客ニーズにつなげるストーリーが必要となる。

・**未来の技術の変曲点起点**

6G、メタバース、暗号資産等により将来必ず社会にインパクトを与える技術の変曲点から課題を探索する。自社の課題への落とし込みに発想力は要るが、イメージしやすい。必ず起こる「変曲点」を選べばリアリティが出てくるが、変曲点の先に生じる未来はかなり妄想力・発想力が必要となる。

最初に実践する場合は、すぐには解決されそうにない社会課題に着目するのがお勧めです。そもそも日本は少子化、高齢化、過疎化、医療負担の増大、環境問題、労働問題などを抱えており、社会課題があらゆるところに転がっています。

それを「我が子に、夢のある未来を残すためにはどうしたらよいか」と捉えれば、自分ごととして取り組みたくなるような社会課題が多いことに気がつくでしょう。

社会課題は、その課題に影響を受ける人が多く、**重大であればあるほど、解決することでその成果も大きくなります**。それらの課題が今後、より未来の社会や顧客にとってインパクトのある大きな課題になっていくのかどうかを、未来を先取りして予測することが欠かせません。「解決できたらいいね」くらいの軽いレベルの課題ですと、他社が解決に向かって今から取り組んでいたり、よく調べたらすでに解決策が出てきていたりするといったことになりかねません。また、仮に苦労して独自の解決策を開発できたとしても、お金を払ってまで買ってくれない可能性もあります。簡単には解決しそうにない困難な課題で、**長期的に会社や自分自身のライフワークとして熱量を込めて取り組める大きな課題を選ぶ**と良いでしょう。

社会課題を新価値創造の起点にしている企業の例として「ユニリーバ」があります。同社では、環境サステナビリティを自社の存在意義に据えた宣言「ユニリーバ・サステナブル・リビング・プラン」を2010年より掲げています。

ユニリーバにおけるサステナビリティは、イメージづくりや規制対応が目的なのではなく、**「自らの存在意義」**としています。それは、あらゆるビジネスの起点となっており、かつ必要な研究開発の起点にもなっています。

2020年5月には、同社のホームページにおいて、**「ユニリーバ・サステナブル・リビング・プラン10年の進捗」**として、次のような内容が掲載されています。

- 健康・衛生にかかわるプログラムを通じて13億人の人々にリーチしました。
- 消費者の製品使用1回あたりの廃棄物量を32%削減しました。また、世界中のすべての工場で埋め立て廃棄物ゼロを達成しました。
- 自社工場からの温室効果ガスの排出量を50%削減しました。また、世界中のすべての工場で、電力系統から購入する電力を100%再生可能エネルギーに切り替えました。
- 加糖の茶飲料から砂糖を23%減らしました。また、食品ポートフォリオの56%が最も高い栄養基準を満たしています。
- 234万人の女性が、安全の向上、スキルの向上、機会の拡大を目的としたイニシアチブを利用できるようにしました。また、ジェンダーバランスのとれた職場を目指し、女性管理職比率が51％となりました。

同社では、未来に地球を残すために取り組みたい社会課題を設定し、それを起点に取り組むテーマが設定され、そこに自社の知財の強みを当てはめに行くということが日常的に行われています。

しかも、サステナビリティにおけるリーダーであり続けるべく、成長とサステナビリティを完全に統合した新しい企業戦略「ユニリーバ・コンパス」を策定している点も見逃せません。ユニリーバ・コンパスは、**「継続的な成長」「競争力ある成長」「利益ある成長」**そして**「責任ある成長」**を実現するための成長戦略であり、そこにはビジネス・地球・社会の健全性にも配慮がなされています。

〈ユニリーバ・コンパス〉

私たちは地球と社会にとって**「害をなさない」だけでなく、「よいことをする」企業**でありたいと考えています。私たちは世界が直面している社会・環境の課題に対してアクションを取り、ブランドを通じて人々の暮らしをより豊かにしていきたいと願っています。そのための事業戦略が「ユニリーバ・コンパス」です。

私たちのビジョンは、サステナブルなビジネスのグローバルリーダーとなることです。私たちは、パーパス主導で未来に適合したビジネスモデルが優れたパフォーマンスを牽引し、業界の上位1／3に入る財務業績を一貫して実現することを実証していきます。

■戦略選択とアクション

1．ポートフォリオを高成長分野へと拡大する
2．パーパスとイノベーションを通してよりよい未来への力となるブランドで勝つ
3．米国、インド、中国、及び主要な成長市場でのビジネスを加速する
4．未来のチャネルをリードする
5．パーパス主導で未来に適合した組織と成長のための企業文化を構築する

■5 Growth Fundamentals：5つの成長の基盤

1．Purposeful Brands パーパスを持つブランド
2．Improved Penetration 市場での普及率の向上
3．Impactful Innovation インパクトあるイノベーション
4．Design for Channel チャネルのためのデザイン
5．Fuel for Growth 成長のための原資

■パーパスとイノベーションを通してよりよい未来への力となるブランドで勝つ

地球の健康を改善する

・気候変動へのアクション
・自然の保護と再生
・ごみのない世界

人々の健康、自信、ウェルビーイングを向上させる

・ポジティブな栄養
・健康とウェルビーイング

より公正で、より社会的にインクルーシブな世界に貢献する

・公平、ダイバーシティ、インクルージョン
・生活水準の向上
・未来の仕事

また同社は、ロンドンに研究開発拠点を持っていますが、消費者に**「リビング・ラボ」**と呼ばれる空間の中で一定期間生活し、実際にユニリーバの商品の試作品を使用してもらっています。そこで、生活者のタッチポイントとなる**各種ＩｏＴデバイスから行動データを取得**したり、

実際に**ワークショップを開いて消費者の意見を集約**したりするなど、ユーザの声を積極的に集めているのです。

例えば、ユニリーバは「トニーアンドガイ」という美容室を直営していますが、リビング・ラボの中のトニーアンドガイは、ユニリーバの商品開発と直結しており、実際に利用してもらった消費者との接点を通じて得たデータや知見を基に、商品や容器のデザインや色、香り、使用する素材、成分などに関する知財の新規創出を行っています。ワークショップを開いて消費者と直接対話しますので、現在の課題・ニーズを把握するだけではなく、今後それらの課題・ニーズは大きくなっていくのかどうかを予測するうえでも貴重な意見を取り入れることができています。

ユニリーバの社員ではなく、必ずしも自社の製品や技術に精通していない一般消費者とともに、未来の子どもたちが抱えるかもしれない重要な課題は何か、そこに何を残したいのか、そのためにユニリーバには何ができるのかを議論します。

このようにユニリーバの取り組みは、自社が保有しているリソースを起点にするのではなく、つくり上げたい未来において提供する**「経済的価値」「社会的価値」「環境的価値」からバックキャスティングで逆算して事業を展開できるような仕組み**を整えているのです。その過程では、**市民や顧客を巻き込んで、未来に自分たちが提供するべき価値を再定義**するような取り組みも行われています。

実践行動①である未来の社会・顧客の課題・ニーズを設定することからスタートして、バックキャスティングで逆算するかたちで価値を創造するメカニズムを構築しており、そこから、新たなイノベーションが生まれていきます。

「ゼネラル・エレクトリック（ＧＥ）」が、社会課題をビジネスチャンスに転換している例についても見てみましょう。ＧＥは、**〝Ecomagination〟（環境）**、**〝Healthymagination〟（ヘルスケア）**など、世界が抱える社会課題の解決を自社の事業成長の核に据え研究開発投資や事業展開を推進しています。ＧＥがEcomaginationを立ち上げた２００５年に発表した**「17のクリーンテクノロジー事業において売上倍増、市場拡大を目指す」**という宣言に対して、当初は投資家から厳しい反応がありました。

当時、ＣＥＯのジェフリー・イメルト氏は「〝Ecomagination〟は、流行りでもモラルのためでもない。経済的成長のためである」という趣旨の説明をしていたのですが、「ＧＥはEcomaginationを通して、歴史に残る賭けをしようとしている」「自らの事業を傷つけ、経済的にマイナスの影響を与えるだろう」などの意見が出されたのです。

それでも同社は、〝Ecomagination〟に対する経営コミットによって、次のような成果を上げました。今では、異議を唱える投資家はいません。

■環境関連事業に関わるR&D投資が5年で2倍に増加
環境に優しい技術の研究開発費として、2005年7億ドルから2010年に15億ドルまで倍増
■環境対応製品の売上成長
顧客メリットがありかつ環境インパクトが測定可能な製品の売上目標として最低200億ドル（2010年）を達成
■地球温暖化ガス排出削減・エネルギー利用の効率化
温暖化ガス排出量を2008年までに30％削減、エネルギー効率を2012年までに30％向上（2004年比）
■情報公開の徹底
〝Ecomagination〟に関わる活動を広く情報公開し、進捗を報告

以上のような成果により、GEは**2011年までに1兆円を超える事業成長を実現**しました。〝環境〟に関する世界的な新市場創造の必要性を果敢に提唱し、市場創造を牽引しながら、長期目線で事業推進することが大幅な事業成長につながることを体現しています。

ぜひユニリーバやGEの取り組みを、本書で提示する知財ミックスの実践行動①のお手本に

することをお勧めします。

　とくに、自社の「使える資源から考える」という従来のプロダクトアウト型の発想ではなく、未来の社会・顧客の課題・ニーズを設定するという視点を養うようにしましょう。


　昨今は、「お客様の課題起点」を掲げる企業が増えてきており、既存の顧客の課題・ニーズに応えることで顧客から選ばれることを追求した価値創出を重視する傾向が表れるようになってきました。既存のシーズだけを起点にする発想に比べれば、はるかに良いことではありますが、これからはさらに、社会への還元に取り組む企業が社会から必要とされ、**顧客や従業員だけでなく、第三者からも共感され、応援される**ことが企業の持続的な成長を実現する上で必須な時代になります。

　そのため、片手間のＣＳＲ（Corporate Social Responsibility＝企業の社会的責任）ではなく、〝ブランドのアイデンティティ〟として**「社会価値」の創出に本気で取り組む**ことが求められます。

　「企業価値」や「顧客価値」に加えて、３つ目の価値である「社会価値」を重視することが大切なのです。

　それら３つの価値が重なる部分であれば、新規事業や新規製品・サービスが、目の前の顧客のみならず社会に広く支持されやすくなりますので、潜在的な顧客が絶えない状態をつくり出

図表19：新規事業創出の価値創造に「社会価値」を加える

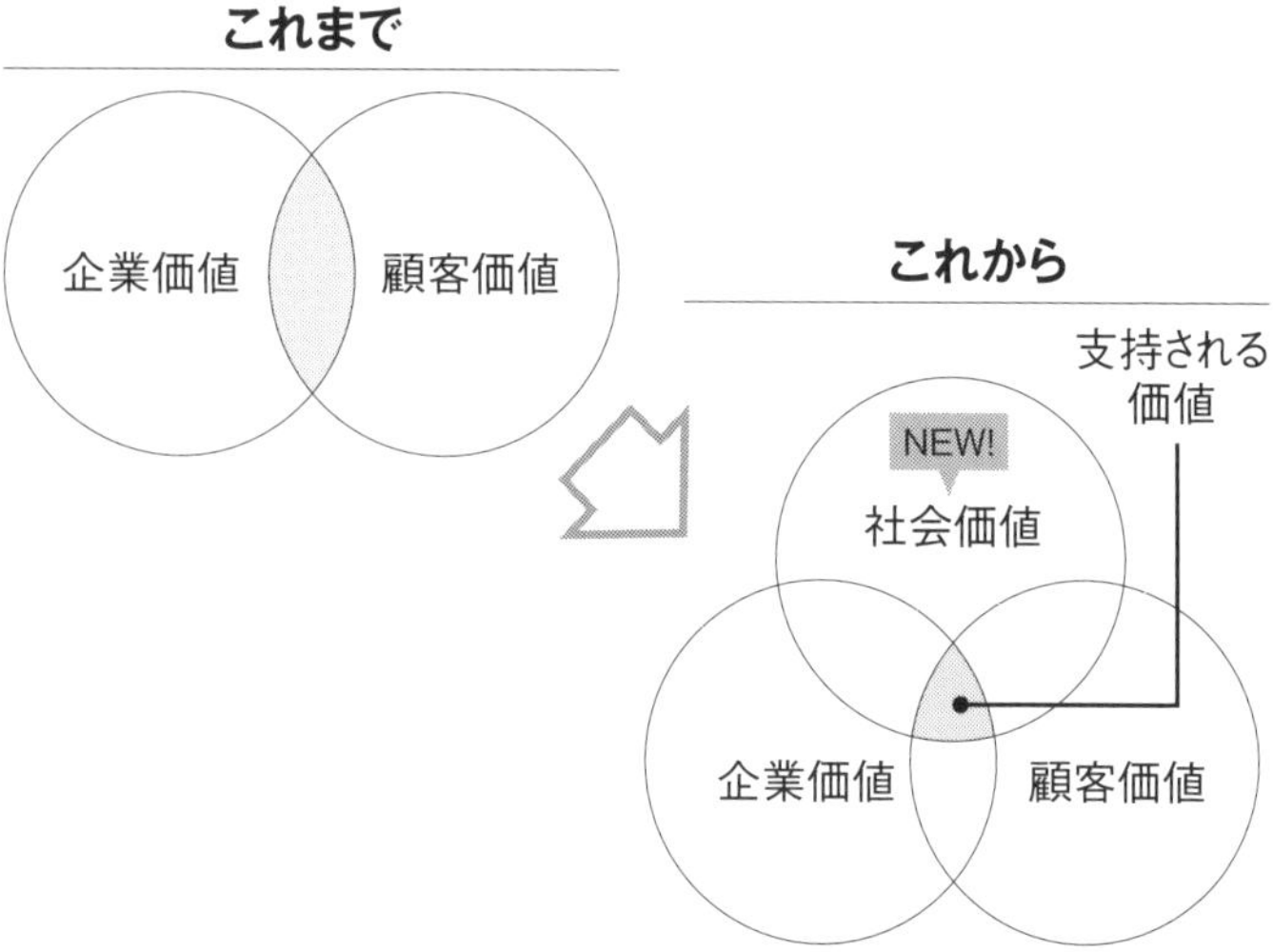

出典：未来価値創造ゼミ「BUILD」テキストより作成

すことができます。

そのような新しい価値の創出を目指す際に活用したいのが、**「アンゾフのマトリクス」**です。

これは、経営学者のH・I・アンゾフが提唱したもので、**縦軸に顧客／市場、横軸に商品／サービス**を取り、それぞれ「既存」と「新規」で分類した4象限のマトリクスとなります。これにより、企業の成長戦略を導き出していくフレームワークをつくることができます。このアンゾフのマトリクスを応用し、未来の社会像から生まれた新成長分野にリーチするためのフレームとして、**バックキャスティングとフォアキャスティングを接合したアプローチ**ができます。ポイントは以下の通りです。

図表20：未来妄想から生まれた新成長分野にリーチするアンゾフのマトリクス

★：バックキャスティングとフォアキャスティングの接合点＝未来価値創造領域

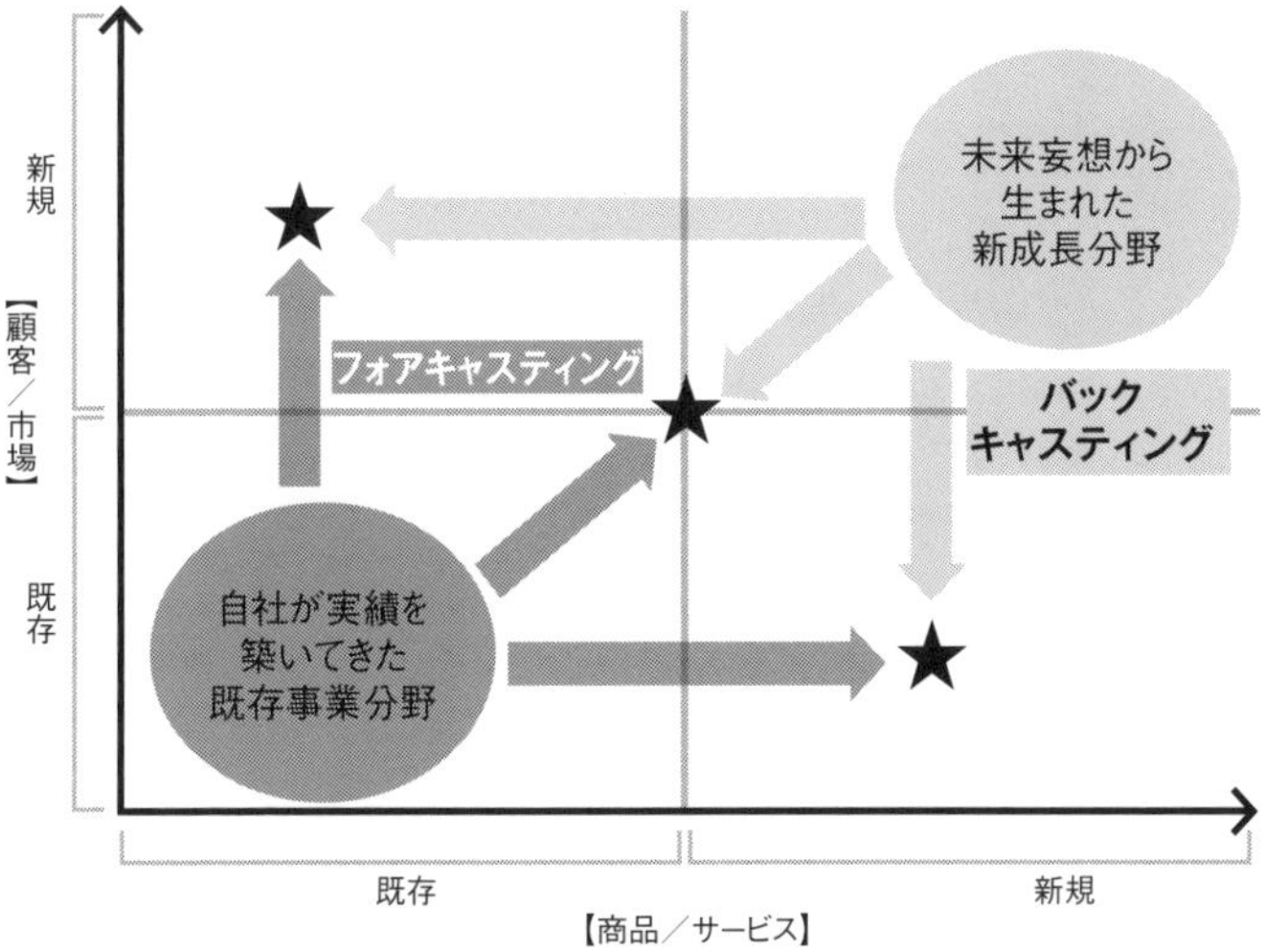

出典：未来価値創造ゼミ「BUILD」テキストより作成

1. 未来の世界を見据えながら、超長期で実現しうる社会像（右上）からバックキャスティングする
2. 自社が築き上げてきた歴史・強みと会社のビジョン（左下）からフォアキャスティングする
3. その接合点からイノベーションを提案する（接合点は、右下、左上、真ん中のあらゆるケースを検討する）

上図の「未来妄想から生まれた新成長分野」を発見するためには、敢えて上部及び右部の「新規」に、〝自社にとって〟の「新規」と〝社会にとって〟の「新規」という概念を加えてみると、さらに社会に対して新価値を創造する飛び地を探索する助けになりま

図表21：新規事業の種を生み出す
新アンゾフのマトリクス

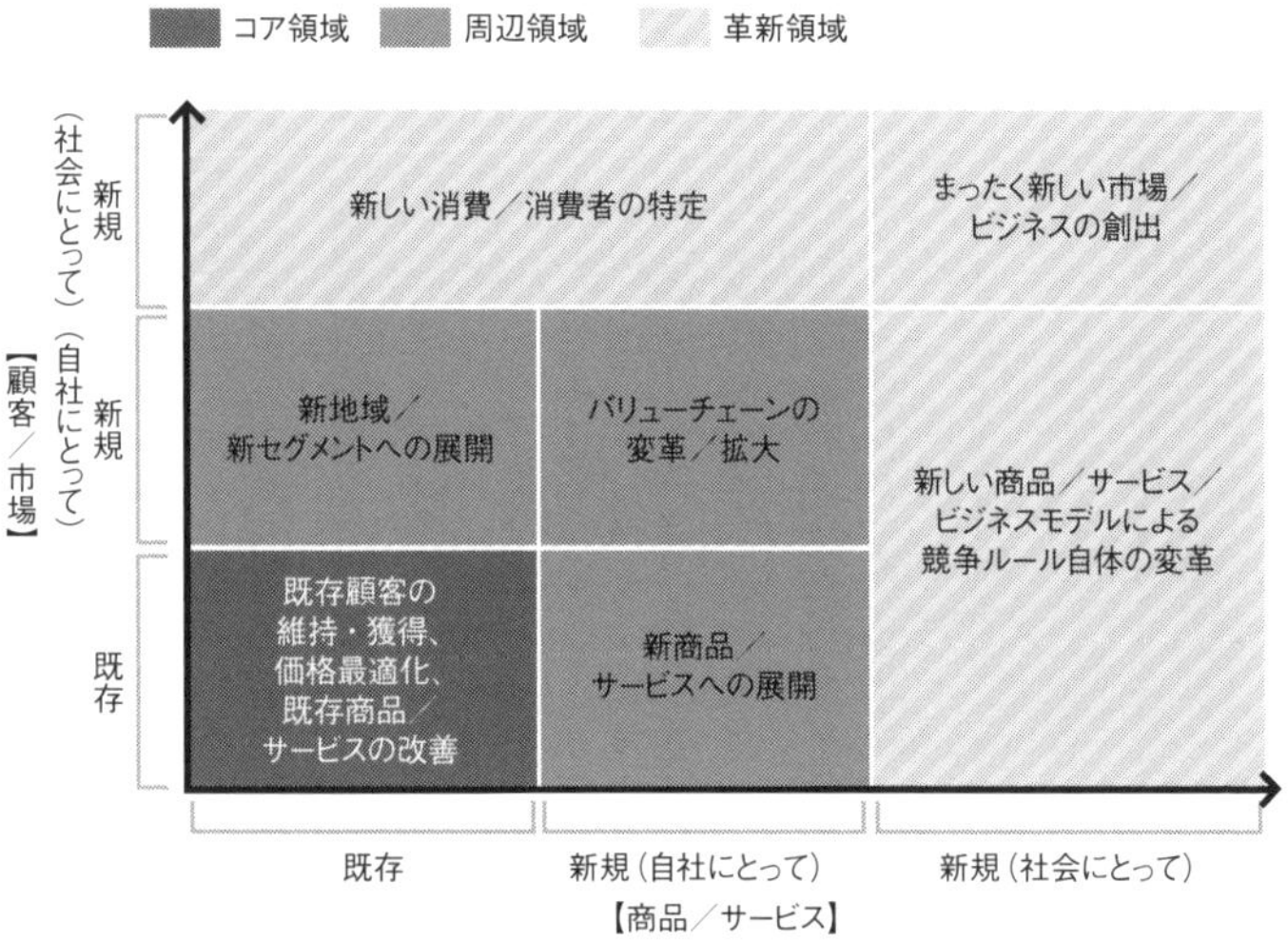

出典：未来価値創造ゼミ「BUILD」テキストより作成

す。つまり、2×2のアンゾフのマトリクスを超えて3×3で見るわけです。

そうすると**「革新領域」**、すなわち自社にとどまらず、**社会にとっての新しい商品・事業領域**が見えてきます。このような発展型を敢えて利用して、未来の社会・顧客にとっての価値を探索するのもひとつの方法です。

このようなフレームワークを活用し、思考を深めていくことで、従来型の言わば「エゴシステム」を脱し、これからの社会で求められる「エコシステム」の創出につなげることが可能となります。

その際には、様々な視点から日本や世界の社会課題に着目し、自社の企業のビジョンに合うものを多角的に検討するようにしましょう。

例えば、これまでは競争優位性を構築するには**「機能」「品質」「価格」**が主なファクターだったと思いますが、これをさらに発展させ、そこに**「社会課題解決」**や**「ルール」**などを加えてみます。そうすることで、社会課題を起点としたイノベーションへとつながります。

実際に、社会課題を起点に新規事業の種を考えてみましょう。次のような視点から問いを立てて、新規事業をイメージしてみるとどうなるでしょうか。

〈検討の視点〉

日本は、社会課題先進国と言われる。

・少子化
・高齢化
・過疎化
・医療問題
・環境問題
・労働問題　等

日本の社会課題が解決できれば、日本に比べて〝課題後進国〟である他国に横展開することもできます。数か国に展開できれば、日本市場の数倍の規模を期待することもできます。

そこで、次の視点で、解決のためのアプローチを考えます。

・（無消費からの）新しい消費／消費者の特定
・新しい商品／サービス／ビジネスモデルによる競争ルール自体の変革
・まったく新しい市場／ビジネスの創出

〈考えるための問い〉


【問い1】今、貴方が一番関心のある日本の社会課題は何ですか？（それはなぜですか？）

【問い2】その課題が解決されていないのは、なぜだと思いますか？

【問い3】その課題が解決されたときに、最も喜ぶ人（自治体、企業、個人など）は誰ですか？

【問い4】その課題の解決に、貴社が挑む意義はありますか？（それはなぜですか？）

【問い5】その課題解決が「イノベーション」につながるとすれば、新たに獲得しなければならない資産は何ですか？

実践行動②　～「収益」を生み出す仕組みをデザインする～

知財ミックスの実践行動②は、「『収益』を生み出す仕組みをデザインする」ことです。とくに日本人において、実践行動①の「『未来の社会・顧客の課題・ニーズ』を設定する」に続いて関門となるのが「お金を生み出す仕組み」を構築することです。それはすなわち、**「ビジネスモデル」**をつくることに他なりません。

実践行動①で、会社としてのビジョンを掲げ、取り組む社会課題を明確化し、共感する仲間でチームをつくり、一致団結することができたら、今度はそれを**「稼ぐ仕組み」**にする必要があります。そして、それが事業として成立すること、つまり儲かるように仕組み化しなければなりません。ただ、この点を苦手とする企業は少なくありません。

これはマインドだけの問題ではありません。場合によっては、いわゆる「清貧思想」が足を引っ張っていると考えられます。最近でこそ、少しずつ薄れてはきましたが、それでも**「稼ぐこと」「儲けること」**に腰が引ける人が根強く存在していることは間違いありません。

これまで脈々と受け継がれてきた、「お金は汚いもの」「儲け話を堂々とするのは、卑しい証拠」という固定観念がいまだに消えない企業や個人がいるのです。ましてや、それが社会課題を起点にしたビジネステーマである場合は、なおさら**儲け方に後ろめたさを感じる**人が少なからずいることでしょう。とくに真面目にコツコツと技術開発や事業開発に取り組んでこられた経営者の方にその傾向が強いように感じられます。

しかし、収益を否定するのは、自らが生み出したい価値を否定することになりかねません。**本当に価値があるサービスであれば、そこには必ず価値に見合った対価が伴うべき**であり、社会・顧客からそれを「汚い」と思われることは絶対にありません。その対価を正当に受け取って、さらに商品・サービスをより良いものにしていくのがビジネスの基本となります。

言い換えると、事業活動の中で得られた収益の一部を投じて、社会・顧客のために商品・サービスを良くし、さらに収益をあげていくという〝好循環〟によって、継続的に進化することがビジネスを行う者の使命であると捉えるべきでしょう。間違った謙虚さに陥り、「ジリ貧」の世界にはまらないようにしましょう。そのマインドが、知財ミックスを適切に実践することにつながります。

例えば、価値を起点に持続的に収益を生み出す仕組みをつくり上げた企業に、「ネットフリックス」があります。

同社は、顧客にエンタメを通じた楽しみや喜びを届ける価値を起点にし、持続的に収益を得る仕組みとしてコンテンツの定額配信というモデルを考えついています。スマートフォンという、もはや誰もが持っている端末を通じて、**世界中のコンテンツを、誰でもどこでも自由な時間に楽しめる世界**をつくり出したのです。

これにより、ユーザはディスクを買ったり、借りに行ったり、返しに行く必要がなくなります。また、場所を取るディスクの保管問題が解消され、ディスクの読み取りエラーといった事象もなくなり、さらに廃盤・在庫切れ・レンタル中で好きな作品が観られないということもなくなります。とくに鑑賞頻度が高い人にとっては、作品ごとに買ったり借りたりするより、相対的に低コストになるなどの利点もあります。

このように同社は多数の価値を生み出しています。定期的にアップデートされる作品のラインナップ（放映権）が彼らの最初の知財でしたが、今はネットフリックス自身によるオリジナルコンテンツが主要な知財となっています。

以前はハリウッド作品が占めていた主要な映画祭の受賞作やノミネート作でも、ネットフリックスの作品が名を連ねることが当たり前になってきました。昨今では「マルチエンディング」といって、観ているユーザの趣味嗜好に合わせてカスタマイズしたストーリー展開をつくり出すことにチャレンジしているそうです。

そんなことができるのも、コンテンツ知財をネットフリックス自身がビジネスの武器として取り揃えているからにほかなりません。VR時代の到来を見据えて、ネットフリックスらしい知財サービスに適したデバイスなども展開されてくることが予想されます。

また、ネットフリックスはこの儲ける仕組みで社会課題の解決にも取り組んでいることを公言しています。ひとつは、**「ごみを出さない」**ということ。実はDVDやBlu-rayといった光メディアという物理的な製品を通じてのコンテンツ提供には、メディアのほか、再生機器やテレビなどの有体物を伴いますが、それらが必要ないため、**無駄な廃棄物を削減**することに貢献しています。一般に、映画やテレビシリーズ作品のソフト市場では、よほどの名作とならない限りは人気の寿命は3か月程度と言われており、その間に何枚売り切るかが勝負であると言われます。結果的に、光メディアを製造・販売する業界は大量生産し、ブームが過ぎて売れ残った作品でワゴンセールでも売れなかったものは、大量廃棄するしかなくなっていると言います。ネットフリックスのビジネスは、こうした問題の解消に寄与しているのです。

また、もはや物販ではありませんので、輸送に伴う温室効果ガスの排出の削減にも貢献しています。**モノではなく、体験価値を提供して稼ぐ仕組みに転換する**ことが、そうした環境問題への解決につながることに気づき、昨今はそもそも光メディアをなくすだけではなく、映画の作品づくりの過程で環境負荷を低減するなどの取り組みも加速しています。

もうひとつは、作品をつくる製作会社への直接発注による、製作会社への還元です。一般に映画の場合、製作委員会方式によって作品を決め、それを製作会社に発注します。その方式により製作会社はどんなに優れた作品を製作しても報酬には限界があり、製作会社が疲弊するのみならず、作品に貢献する作家、クリエイター、エンジニアが育たないという問題が深刻化していました。

それがネットフリックスの製作会社への直接発注方式により、**優秀な人材が貢献したことに**

よって生み出された収益が、透明性・公正性のある分配方式によって活躍した人々に還元される仕組みにすることで、業界に染みついた根深い問題を解消することができたのです。

エコシステムの中で「収益モデル」を構築することで、自分だけが儲かればよいというエゴシステムが築かれてきた業界に風穴を開け、**共存共栄を実現して業界の持続可能性を高めることができた**良い事例と言えそうです。

以上のような事例を参考にしつつ、稼ぐことに躊躇せず、むしろそれは人を幸せにすることであると捉え直し、ぜひ収益を生み出す仕組みをデザインしていきましょう。

さて、収益モデルを検討する際に活用できるのが**「未来新聞」**です。

これは、アマゾンの創業者ジェフ・ベゾス氏が新規事業を提案する人材には必ず課しており、ベゾス氏がCEOを退任した今でも実践されているとされる、新規事業における構想と提案の手法です。

実際に大見出しや小見出しを設けながら、数値データを収集したりインタビューも行ったりしつつ、新聞のように内容をまとめていきます。テーマは、例えば**「10年後に自社のニュービジネスがブレイクしたことを報じる新聞の一面」**などにすると面白いかと思います。紙面には、「日付」「新聞名」「写真・グラフ・イメージ図」「大見出し」「小見出し」「詳細記事」などを配置するようにしてください。

図表22：未来新聞のつくりかた

【未来新聞】

20XX年、ニュービジネスがブレイクしたことを報じる新聞の一面を作成すること。

■大見出し・小見出し
■数値データ・インタビュー等

記事の中では、
必ず以下の4点を明確にすること。

■誰に対して
■どのような価値を
■どのような方法で提供するか
（どんな社会課題を解決するのか）
■どれほどインパクトがあるか

（レイアウト例）

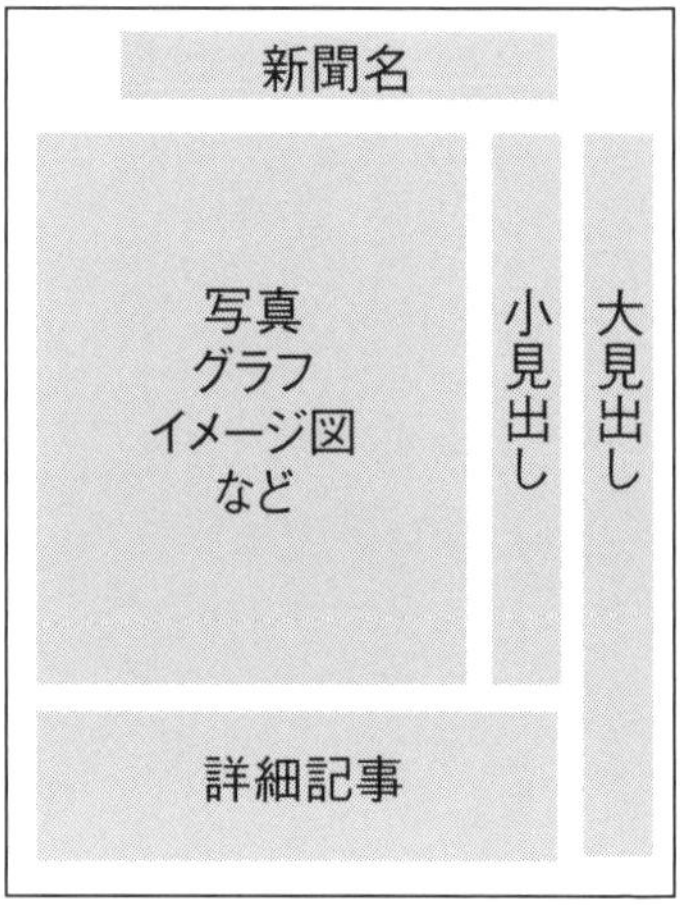

また、記事の中では、次のような項目を明確にするようにしましょう。

・誰に対して
・どのような価値を
・どのような方法で提供するか（どんな社会課題を解決するのか）
・どれほどインパクトがあるか

このように新聞形式にすることによって、自分たちが持つ技術やノウハウではなく、消費者に伝えるべき価値にフォーカスしてアイデアをまとめることができます。

その際には、社会的な課題やビジネスに影響を及ぼす外部要因となる次の「**PESTLE**」の6項目なども意識しておくことが大切です。

〈PESTLEの視点〉

政治的要因（Political）

- 国際法とローカルエリアの法律に最適化されているか。
- サービスを展開する国で好まれるプラットフォーム／禁止されているプラットフォームは何か。
- 主要な市場となる国の政治情勢とブランドのコンセプトに不一致はないか。

経済的要因（Economic）

- 競合の価格やサービス提供状況はどうなっているか。
- 第1優先、第2優先、第3優先のターゲット顧客と、それぞれの経済状況はどのようなものか。
- 過去のセールスやプロモーションの成功例は何があるか。

社会的要因（Sociological）

- 提供するサービスの顧客は、どのような信条、習慣、人種、性別、社会経済的なバックグラウンドをもつものか。
- 顧客のインターネット利用習慣はどんな状況か。それは年齢層によってどのように異なるか。

- 顧客のインターネットへのアクセシビリティはどんな状況か。それは国、収入状況によってどのように異なるか。

技術的要因（Technological）

- 新しく登場した技術が、新たなサービスのチャネルとなり得るか。
- その技術は、顧客のどのような課題を解決し、どのような価値をもたらすか。
- その技術の先進企業の開発はどのような段階にあり、将来の実用化、普及のタイミングはどのように予測できるか。場合によっては一緒に組めないか。

法的要因（Legal）

- 主要な市場となる国の知的財産法、データ保護法、環境保護法などの法整備の状態はどのようになっているか。
- その国でビジネスを展開するのに、対応が必要な規制や許認可、法的手続き、利用可能な制度にはどのようなものがあるか。

環境要因（Environmental）

- 現在検討している商品・サービスやパッケージングはエコか。
- 仕入れ、取引、テストが倫理的に適切なものか。
- 環境プログラムやパートナーシップにどのようなブランドが参加しているか。

解決するべき社会課題などから提供価値を逆算するバックキャスティングの発想に、現在や過去のデータから未来を予測するフォアキャスティングの分析結果を加えていくと、より解像度の高いビジネスモデルの立案につながります。

例えば、未来に対する〝妄想〟をバックキャスティングするかたちでアイデアにつなげたり、あるいは社内・社外のシーズなどをフォアキャストとしてビジネスモデルのブラッシュアップに活用したりします。

〈バックキャスティングのプロセス〉

① 未来に対する妄想

自己・自社の存在意義とは何か

・自分の価値観（ありたい姿）

・会社の価値観（企業理念）

未来の事業環境はどのようなものか

・未来の兆しから予測される事業環境

・社会の価値観、生活者の行動の変容

・社会課題、科学技術の発展

未来に提供する価値は何か

・未来社会で提供したい価値（課題の解決やワクワクの創出）
・誰にとって、どんな価値（生活者、組織、地域、社会等）

②　ビジネスアイデアの構想

①の未来価値の実現手段としてのビジネスアイデア（ソリューション）は何か
・社会ニーズを創造する（潜在ニーズを先取りする）
・誰に、どんな価値を、どうやって届け、どう儲けるか

〈フォアキャスティングのプロセス〉

③　社内・社外のシーズの探索

②を実行するのに必要となる経営資源は何か、それはどこにあるか
・社内シーズには「自社らしさ」が組み込めそうか

④　シーズの展開

③のシーズと②とのGAPを埋めるために求められるアクションは何か
「自社らしさ」を活かす、事業開発のアクションとは何か
・自社で取り組むことは何か

・外部調達のために、コラボしたい業界／技術領域はどこか

とくにフォアキャスティングの③④においては、知財活用を軸とした**「IPランドスケープ」**という活動が適用できます。特許庁の令和2年度「経営戦略に資する知財情報分析・活用に関する調査研究」では、その意義が次のように説明されています。

日本企業を取り巻く競争環境が厳しさを増す中、経営層は、迅速・的確に経営判断を行う必要があります。迅速・的確な経営判断には、客観的な裏付けが必要であり、公開情報たる知財情報は経営判断に有益な情報のひとつであることから、経営判断における知財情報の活用がますます期待されています。

〈IPランドスケープの定義〉

「経営戦略又は事業戦略の立案に際し、（1）経営・事業情報に知財情報を取り込んだ分析を実施し、（2）その結果（現状の俯瞰・将来展望等）を経営者・事業責任者と共有（※）すること」

（※）ここでの共有とは、分析結果を提示することをきっかけに、経営戦略又は事業戦略の立案検討のための議論や協議を行ったり、分析結果に対するフィードバックを受けたりするなどの双方向のやり取りが行われることをいいます。

図表23：IPランドスケープとは

出典：特許庁「経営戦略に資する知財情報分析・活用に関する調査研究」より作成

このうちとくに重要なのは、社内における非公開の情報です。自社の内部情報としては「ミッション・ビジョン」「経営計画・事業計画」「各部門戦略」「製品・開発ロードマップ」「グループ企業情報・経営資源」「自社の強み・弱み」があり、自社保有の他社情報としては「営業情報・顧客情報」「顕在競合／潜在競合情報」「アライアンス／パートナー情報」「サプライヤー／カスタマー情報」「カスタマー・ユーザニーズ」「カスタマー・ユーザデータ」などがあります。

具体的な施策としては、会社の「ミッション・ビジョン」を踏まえ、「経営計画・事業計画」「製品・開発ロードマップ」とその起点となる「営業情報・顧客情報」等の無形資産を把握する社内チャネルを確立するなどの工夫が求められます。

特許庁によると、ＩＰランドスケープを可能にする要因として挙げられているのは、**経営層のコミットメント、経営層の理解、ビジネス情報の提供、部門間連携の構築、知財部門のスキル向上、情報収集の環境整備**などです。

実践の際には、これらの要素に配慮することが求められます。

参考までに、特許庁が行った調査結果を踏まえて、ＩＰランドスケープの成果についても紹介しておきましょう。こうした結果からも、知財を活用することの重要性が窺えると思います。

図表24：IPランドスケープの全体俯瞰図

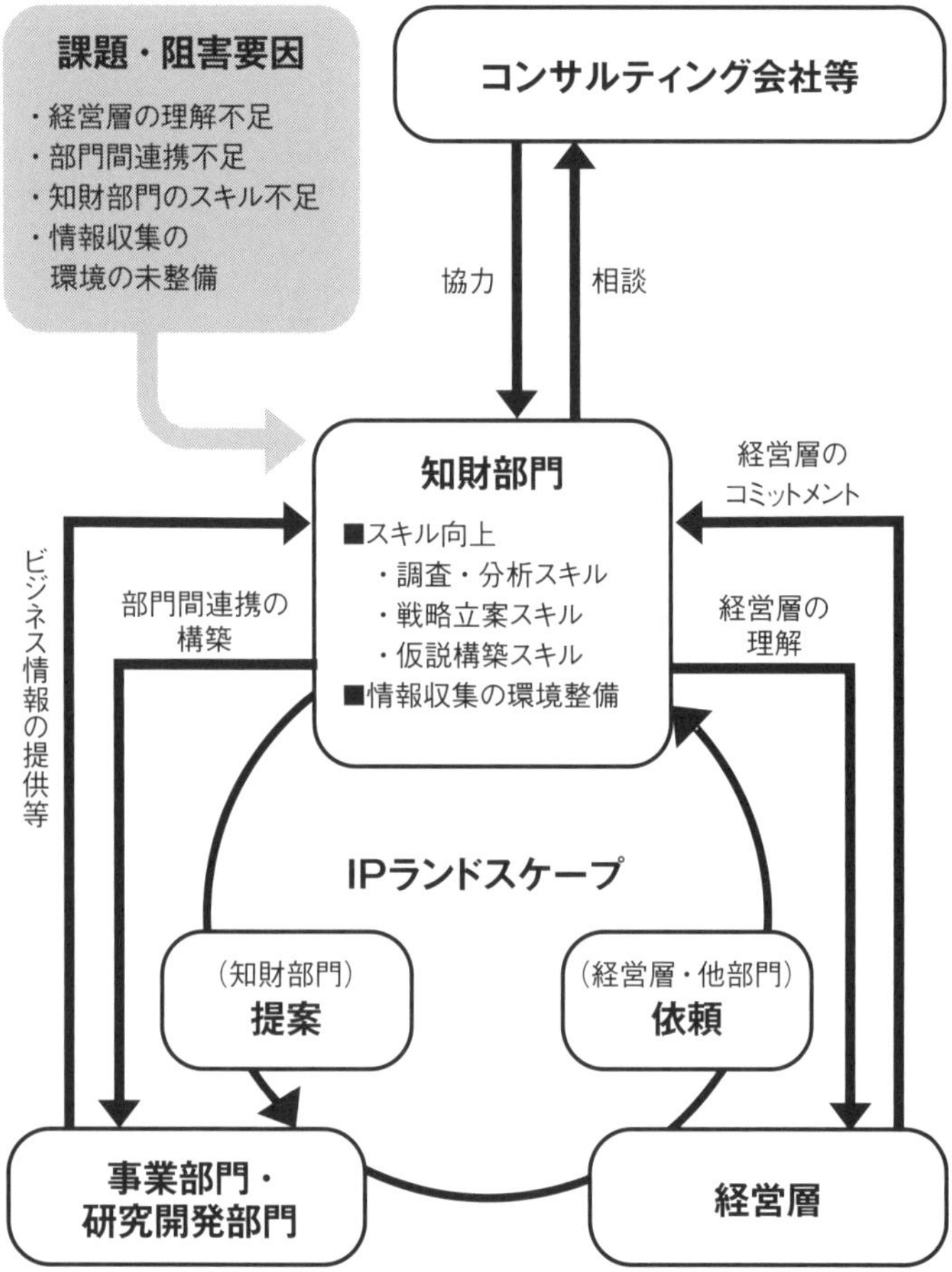

出典：特許庁「経営戦略に資する知財情報分析・活用に関する調査研究」より作成

図表25：IPランドスケープの成果

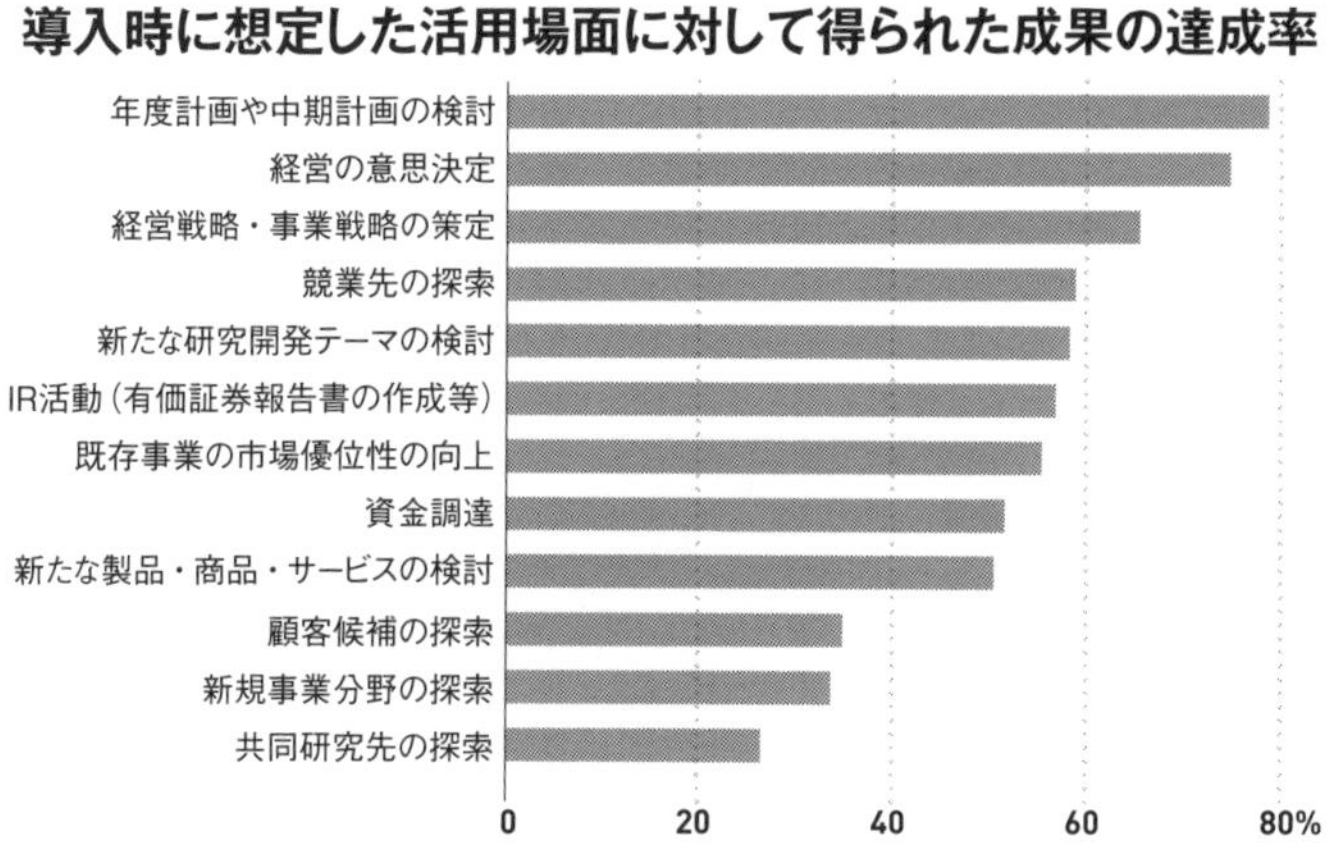

達成率：「導入当初の活用場面」での回答者が選んだ項目において、
「得られた成果」で成果があったと回答した者の割合
n=152　※IPランドスケープの定義が実施できていると回答した者　※複数回答

出典：特許庁「経営戦略に資する知財情報分析・活用に関する調査研究」より作成

〈ＩＰランドスケープを導入したことによる成果〉

（１）ＩＰランドスケープは、主に経営・事業判断の意思決定のエビデンス・選択肢の増加・正確性の向上等に寄与する。

（２）ＩＰランドスケープを、自社で完結できる戦略策定や計画策定等へ活用することを想定する者が多く、その内６割以上の者が当初の想定通りの効果が得られている。

（３）不確実性の高い「Ｍ＆Ａ候補の探索」、「新規事業分野の探索」、「共同研究先の探索」等でもＩＰランドスケープを活用しており、その内３〜４割の者が当初の効果が得られている。

実践行動③　～内外の技術やアイデアを資産として見える化する～

知財ミックス全体のプロセスにおいて、本格的に自社や他社の知財を取り扱うのは、実践行動③からとなります。

ここで、あらためて経済産業省が推進している「知的資産経営」についておさらいしておきましょう。その内容としては、人材、技術、組織力、顧客とのネットワーク、ブランド等の目に見えない企業に固有の資産を知的資産として認識し、有効に組み合わせて活用していくことを通じて収益につなげる経営手法となります。

その必要性が広く認識された経緯は、1978年にEC（ヨーロッパ共同体）で採択された第4号会社法指令にさかのぼります。「世界経済の基盤は産業経済から知識創造経済へ移行している」とされ、知的資産の創造やその活用の巧拙が企業の優位性や競争力に影響を与えることが示されました。

・知的財産権

例　特許権、実用新案権、著作権等

・知的財産

例　ブランド、営業秘密、ノウハウ等

図表26：知財・無形資産のスコープのイメージ

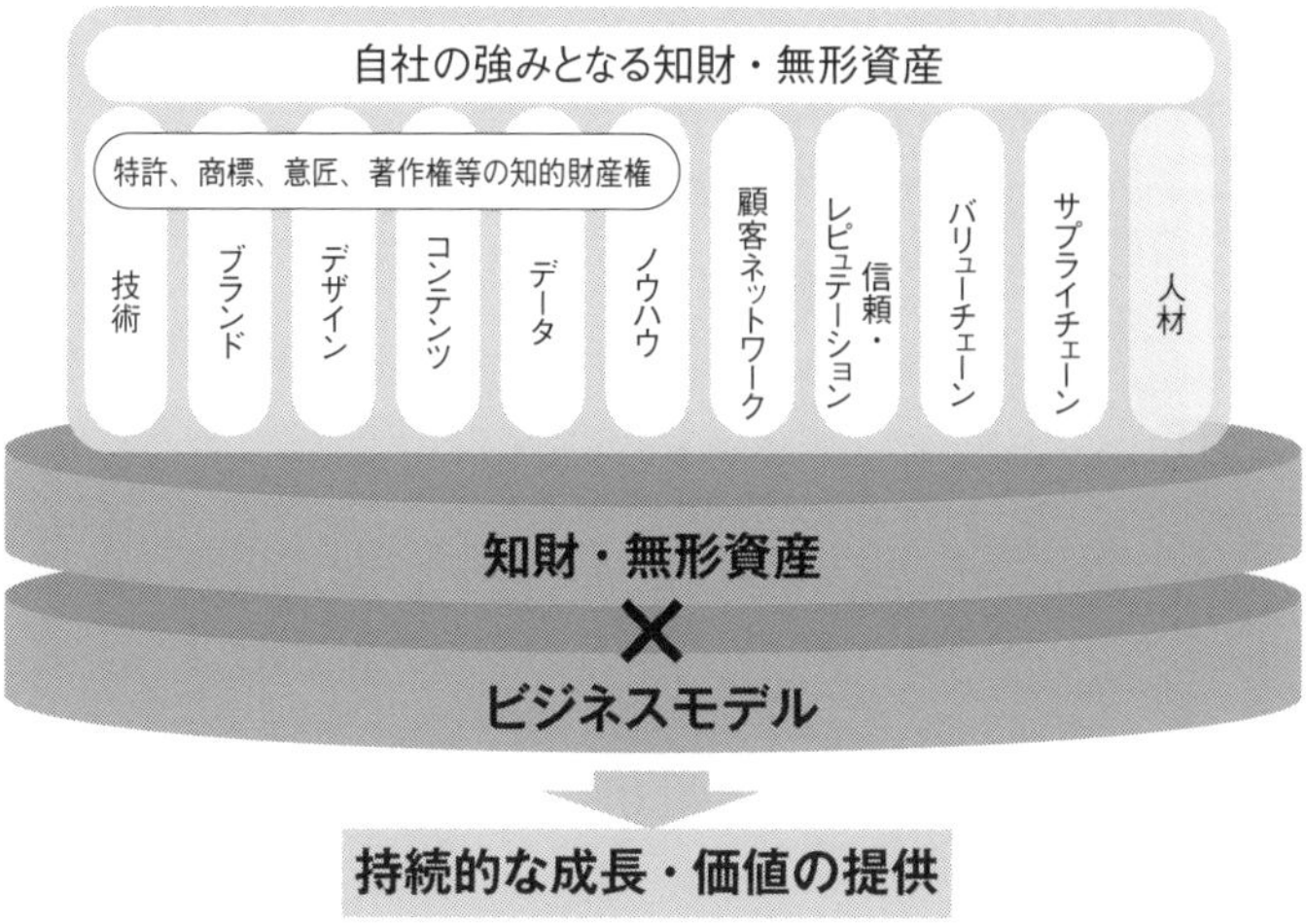

出典：内閣府「知財・無形資産の投資・活用戦略の開示及びガバナンスに関するガイドライン」より作成

・知的資産

例　人的資産、組織力、経営理念、顧客とのネットワーク、技能等

具体的な方策としては、ビジネスモデルを回すのに必要な技術やアイデアをポートフォリオとして描き、その中で自社が持っているもの、他社が持っているものを明確に定義し、どのようにそれを結合させるのかをデザインしていきます。

内閣府知的財産戦略推進事務局の資料である**「知財・無形資産の投資・活用戦略の開示及びガバナンスに関するガイドライン**（略称：知財・無形資産ガバナンスガイドライン）」を抜粋するかたちで、その中身について確認しておきましょう。

〈知財・無形資産の概要〉

「知財・無形資産」は、「知財を始めとする無形資産」を指すが、そのスコープは、特許権、商標権、意匠権、著作権といった知財権に限られず、技術、ブランド、デザイン、コンテンツ、データ、ノウハウ、顧客ネットワーク、信頼・レピュテーション、バリューチェーン、サプライチェーン、これらを生み出す組織能力・プロセスなど、幅広い知財・無形資産を含めている。これは、国際統合報告の資本の分類のうち、「知的資本」「社会・関係資本」等をカバーするものである。

- 知財・無形資産の投資・活用は、これらの幅広い知財・無形資産を創出したり、獲得や強化するために投資を行い、これにより得られる知財・無形資産を事業等で活用して、持続的な競争力を確保するための経営活動である。したがって、いかなる業種に属する企業であっても、経営と関係し、競争力に資する何らかの知財・無形資産を保有していると考えられ、あらゆる業種の企業に、知財・無形資産の投資・活用戦略の構築・実行の必要性が考えられる。
- 例えば、サービス業でも、ブランドや顧客ネットワーク、業務ノウハウ等の知財・無形資産が事業等の競争優位（強み）であり、DXが浸透してきた現在では、それらを儲ける仕組みとして投資・活用戦略を駆使して経営を行うことが喫緊の課題となっている。

- なお、人材を始めとする人的資本は、知財・無形資産とともに、企業の持続的な価値創造の重要な源泉になり得るものであり、人材戦略と知財・無形資産の投資・活用戦略を合わせて構築・実行していくことが求められる。

先述したように、知財は物理的な制約を受けない資産であり、**技術やアイデアに加えて、昨今ではDXを背景にデータ等も貴重な知財**となっています。在庫を持つ必要がなく、また輸送や関税が要らないことなどから、工夫次第で青天井にビジネスを拡大できる可能性を秘めています。

繰り返し紹介しているアップルの経営体制や事業をイメージしてもらうと、それがよく分かると思います。同社は、企業ブランドの構築のためにデザイン戦略を重視しつつ、将来を見通した製品・サービスの設計を愚直に実行しています。**デバイスやアイコン、インターフェースだけでなく、製品パッケージ、周辺機器、アクセサリー、さらには店舗外観やデバイスの起動音**に至るまで、あらゆる角度からアップルの製品・サービスをデザインし、アップルの企業ブランドや世界観を支えています。

ただし、知財は必ずしも万能というわけではありません。有効に活用できる一方、次のようなリスクがあることも認識しておく必要があります。

・時代とともに陳腐化する（物理的には腐らないが、時代とともに価値が目減りする。しかも落ちる時は速い）
・流出しやすい（簡単に持ち出すことができる）
・誰のものかが分からなくなる（権利化して、特許庁に登録すれば、誰のものかが明らかになるが、その代わりに世の中に内容を露出することにもなる）
・ほぼ無料で簡単にコピーできてしまう（ただし、最近はＮＦＴと呼ばれるブロックチェーン技術を活用したトークンによって、コピーかそうでないかを証明できるようになってきた）

このような知財の特性を踏まえた上で、効果的に活用していく必要があるのです。

繰り返しになりますが、もともと日本は知財リッチな国であり、知財ミックスを実現するための種を、資産として豊富に持っているという点で大きなアドバンテージがあります。

ところが、日本人は先輩が敷いた**「ルール」や「常識」から外れるのが苦手**です。自社が保有する技術・アイデアを後生大事にしまい込んだままうまく活かしきれず、それに改良や改善を大胆に加えて**今の時代に合った活かし方**をすることができていません。**ダイナミックに稼ぐ仕組み**をつくることにも躊躇してしまっています。

その結果、過去につくられた製品・サービスに縛られ、その延長線上で活用することしか思いが至らないのです。それはすなわち**「宝の持ち腐れ」**であり、大きな変革や進化がありません。

前述の「ネスレ」は、この点で効果的に知財を活用しています。同社はもはやコーヒーを提供する食品会社のみならず、「ネスプレッソ」によって機材メーカーとしての顔も持っています。

また、コーヒーの栽培から飲料の製造・加工といった商品を構成する技術・アイデアだけでなく、機材やカートリッジなどのハード製品、消費者の生活に寄り添い、嗜好や生活パターンに合わせて提供のしかたを変えるソフトウェアの知財も幅広く保有しています。

とくにネスレ日本に至っては、**「ネスカフェアンバサダー」**プログラムという日本発の面白いアイデアが起点となったビジネスモデルも持っています。

このプログラムは、職場やコミュニティに「ネスカフェ」のコーヒーメーカーを無料で貸し出し、専用のコーヒーカプセルの定期購入と代金回収は「ネスカフェアンバサダー」と呼ばれる職場の代表者に協力してもらうサービスです。

もともとコーヒーメーカーとして、得意ではないＩＣＴ（情報通信技術）、ＩｏＴ、ＡＩ（人工知能）などの領域の知財は、**積極的に共創パートナーの持ちものにアクセスし、自社が主体となった共栄圏の形成によって獲得**しています。これがネスレのエコシステムです。

さらに、機材やカプセルの美しいデザイン、販売店の内装など、自社の価値を、その世界観で消費者に正確に伝え、ファンを魅了し続けることも忘れておらず、これらもまたネスレの貴重な知財ミックスを構成しています。

また彼らは、私が経営するコンサルティング会社「テックコンシリエ」を含め、知財をミックスした新規の収益モデルの開発をサポートする複数の会社を、パートナーとして効果的に活用しています。

テックコンシリエが実際にサポートしている案件としては、カプセルの構造や機能に関する特許のライセンスを活用した他の会社の商品の開発支援や、アート作家のデザインライセンスを活用した機材やコーヒーカップの開発支援などが挙げられます。いずれも、知財保有者と知財利用者との橋渡しによって、市場に価値を提供するかたちでマネジメントを行っています。

知財ミックスのゴールは**「イノベーションの創出」**にあります。実際に顧客の視点や社会課題に基づく様々な事業におけるイノベーションが起きており、ほぼ間違いなくGAFAMをはじめとした世界で活躍する先進企業は、技術やアイデアなどの知財をミックスで活用し、ブランド価値を高めています。

世界的には、技術よりもむしろ、**「デザイン思考」**や**「リーンスタートアップ」**などの顧

図表27：テックコンシリエの知財活用マネジメント

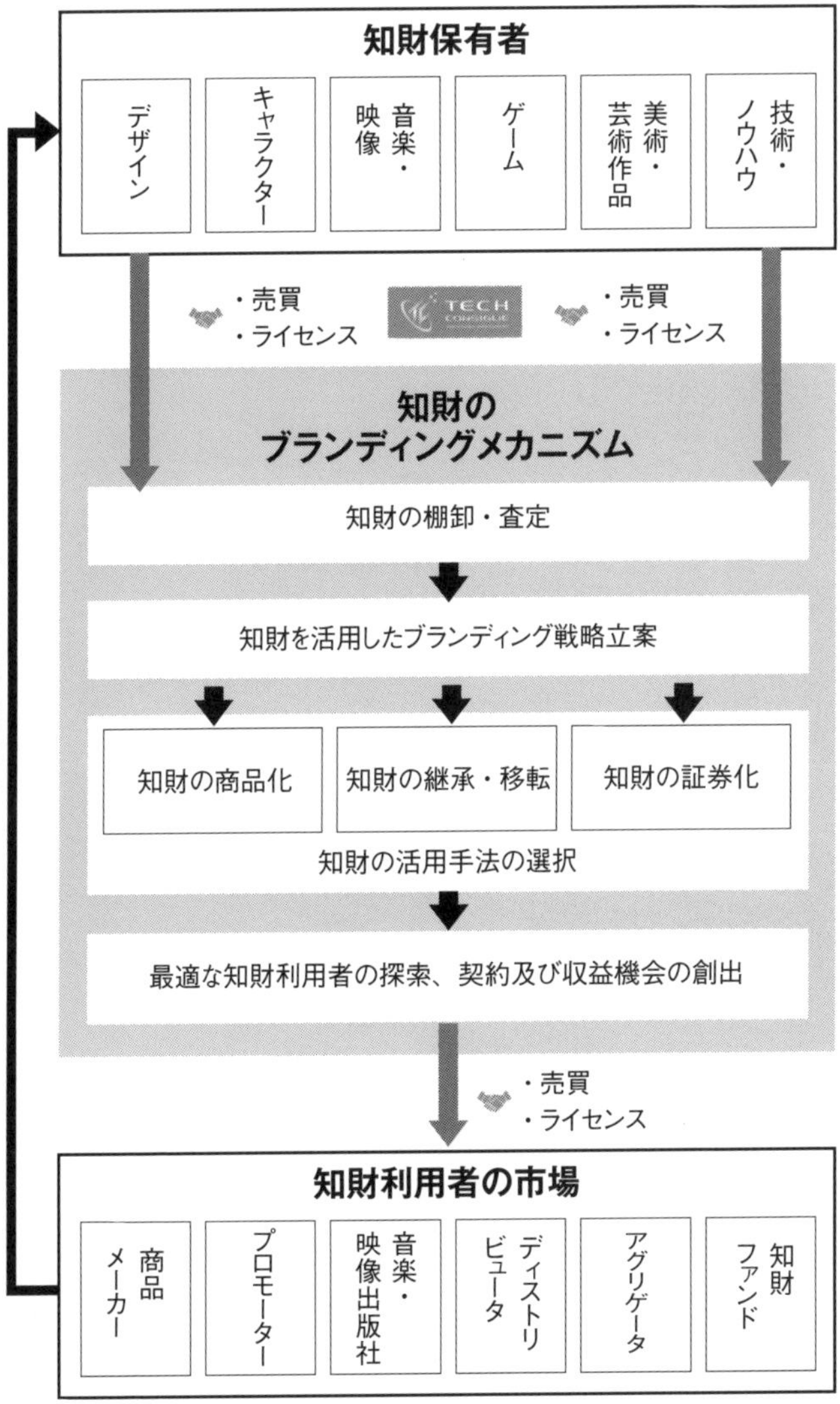
知財保有者
デザイン
キャラクター
音楽・映像
ゲーム
美術・芸術作品
技術・ノウハウ
・売買
・ライセンス
TECH CONSILIE
・売買
・ライセンス
知財の
ブランディングメカニズム
知財の棚卸・査定
知財を活用したブランディング戦略立案
知財の商品化
知財の継承・移転
知財の証券化
知財の活用手法の選択
最適な知財利用者の探索、契約及び収益機会の創出
・売買
・ライセンス
知財利用者の市場
商品メーカー
プロモーター
音楽・映像出版社
ディストリビューター
アグリゲータ
知財ファンド
ブランド価値の向上

客・生活者のインサイトからアイデア創出、ビジネスモデル化を図るイノベーション創出手法への注目が集まってきています。

〈顧客・生活者起点のイノベーション創出方法論の例〉

「デザイン思考」

顧客の行動観察等から得られた〝共感〟をベースに0→1を生み出す、人間中心のイノベーション創出手法です。**「共感→問題定義→アイデア創出→プロトタイピング→検証」**の5つのプロセスを反復することで試行錯誤を繰り返して改善を重ねながら徐々に完成に近づけていくアプローチとなります。当該分野の学術機関としてはスタンフォード大学のd.schoolが有名です。

「リーンスタートアップ」

起業家エリック・リース氏が提唱する新製品、サービスの開発手法です。つくり手の思い込みによって、顧客にとって価値のないものをつくってしまうことに伴うムダをなくすため、**仮説に基づき必要最小限の製品をすぐにつくって、実際に顧客に使ってもらった実験結果から、検証による学びを得る**というサイクルを繰り返す中でビジネスモデルを磨き上げていきます。

イノベーションの創出には、知財の活用だけでなくトップマネジメントのリーダーシップや文化醸成、戦略立案と実行、さらには外部との連携など様々な要因が絡んできます。それらをクリアできてこそ、革新的な商品やサービスが生み出されていく土壌が構築されていきます。

そして、持続的にイノベーションを創出している複数企業の共通要素を抽出するかたちで策定（イノベーションマネジメントに関する国内外先進企業のベストプラクティスや、先進各国やEU、ISO等の国際的枠組みにおいて活用・検討されている類似フレームワークの調査／分析を基に策定）された「イノベーションマネジメントシステム」は、次のような要素で構成されています。

① トップマネジメントのリーダーシップ
② イノベーション戦略
③ パイプライン・ゲート管理
④ イノベーションプロセス（アイデア創出〜製品・ビジネスモデル検証〜事業化）
⑤ 外部コラボレーション
⑥ 組織・制度
⑦ イノベーションの文化醸成

図表28：イノベーションマネジメントシステムのメカニズム

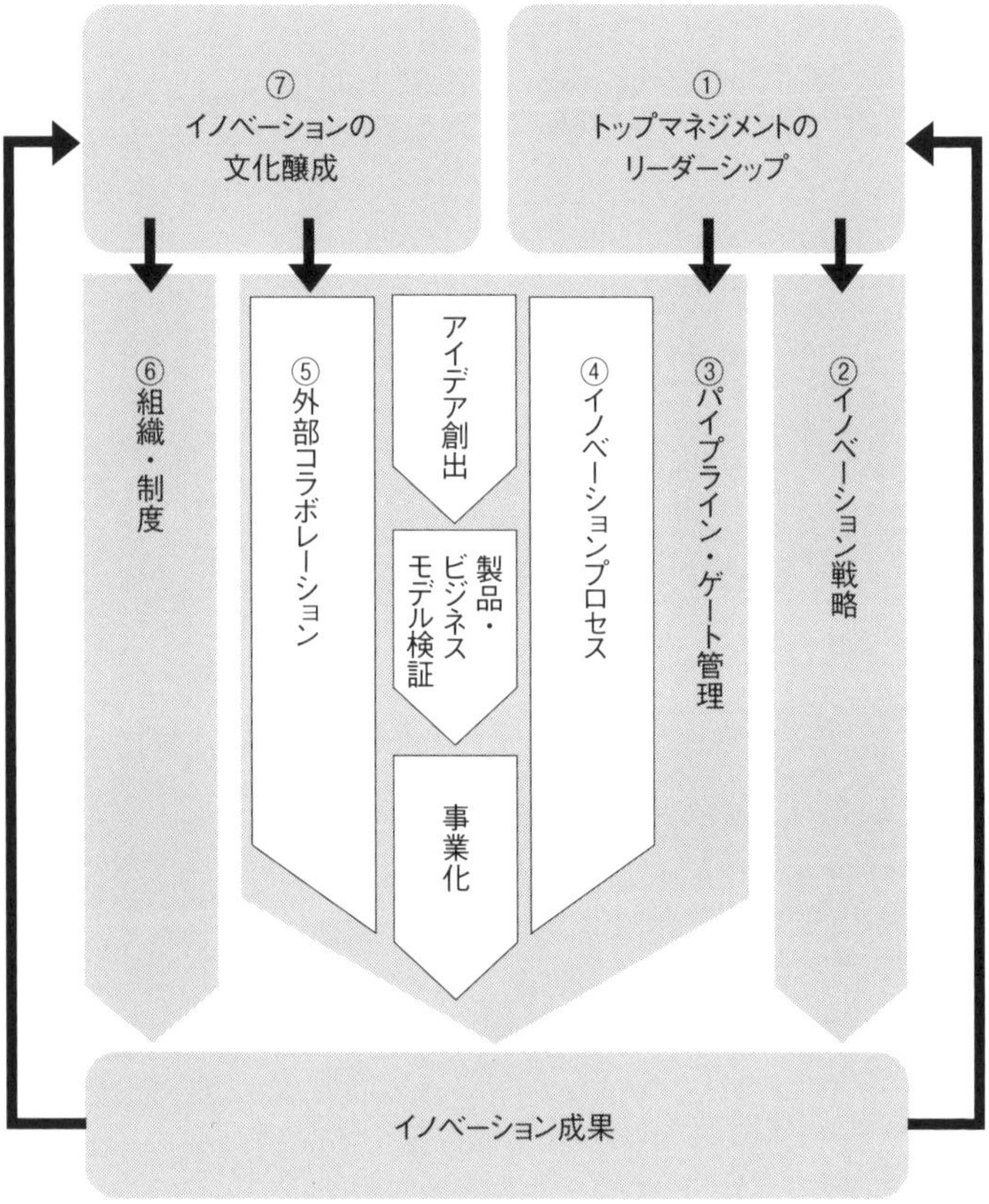

イノベーションマネジメントは7つの項目で構成され、各項目に対して高水準に取り組み、項目間の有機的なつながりから「メカニズム」を形成することにより、効果的・持続的なイノベーションの創出が組織に根付く。

出典：経済産業省
「企業・社会システムレベルでのイノベーション創出環境の評価に関する調査研究」より作成

イノベーションマネジメントの各項目に対して高水準に取り組み、項目間の有機的なつながりから「メカニズム」を形成することによって、効果的・持続的なイノベーションの創出が組織に根付くこととなります。

実践行動④ ～パートナーとの積極的な共創により、知財のパワーを増強する～

「パートナーとの積極的な共創により、知財のパワーを増強する」ことについてみていきましょう。これは、先のイノベーションマネジメントシステムの⑤の外部コラボレーションに該当します。とくに重要なプレイヤーとなる「スタートアップ」については、次章で詳しく見ていきます。

この活動は、企業各社が互いに知財を持ち寄り、共同で価値を創造し、その対価をシェアしながらともに成長する取り組みとなります。世の中で単独で成功している企業はほぼありません。どの企業も業界を超えて、お互いに助け合うことで、価値を実現しています。

それは知財の観点からも同様で、世界の企業は必要に応じて協力し合うことで、知財ミックスによる大きな成長を果たすことができるのです。

共創のメリットは、**自社で持ちえない技術やアイデアを獲得し、補完することができるのと同時に、市場の変化についていけるだけのスピードが出せる**ことです。

しかし、日本人は外部の力を効果的に利用しながら価値を共創することも不得意としています。

これは、日本人が持っている**「村社会」に根付く根本的な性質**や、つい自社だけが儲かればよいと考えてしまう**「排他主義（言わばエゴシステム）」の弊害**であると思っています。

日本企業では、多くの業界で**「系列」**という、持ちつ持たれつの関係を形成してきました。業界を守るうえで一定の効果はありますが、**「ある地域に限定」**であったり、**「特定の企業との共同開発」**であったりすると、そこから世界に向けて新たな価値を創出するようなイノベーションは生まれにくくなります。

とくに日本の業界の独特な商習慣に、**「摺合せ」**があります。

これは、当事者間のみの厳しい情報管理のもと閉ざされた空間の中で細かく調整していく進め方です。村の中での囲い込みには有効かもしれませんが、VUCA時代においては、これではスピードが出ず、また広がりも出ません。

さらに担当者の変更時の引継ぎが困難であるなど、多くの弊害があり、これからの時代のイノベーションには向かないのです。

先に紹介させていただいたBMW、ボッシュをはじめとした自動車関連企業に加え、原子力・代替エネルギー庁（フランス）やフラウンホーファー研究機構などの公的研究機関も加わったAUTOSARというグローバルコンソーシアムは、**知財を共有し、積極的に共創の場を形成する**ことでグローバルにビジネスを広げることに成功しています。

AUTOSARの発足当初は、自動車の標準E／Eアーキテクチャをつくり、相互に活用を促進することで、個々の企業の無駄な投資を減らし、互いに共存共栄を目指すというものでした。その後、ソフトウェアの標準化まで進み、現在では、自動運転・電気自動車の普及やデータのシェアも視野に入っています。

各社それぞれの優れた知財には**独占的排他権という思想はなく**、むしろ**価値共創のためのインフラの構成要素**としての機能を果たしています。もちろん、自社の競争優位性を維持するための独自の知財を別途張り巡らせることにも余念はありません。

プラットフォーム上で**互いに自由にかつ安心してビジネスを行う**ことに主眼があるため、そこには、嘘や搾取はありません。むしろそんなことをしたら、そこで商売を行う自分が困ることになるだけです。こうした協力体制が、知財のパワーを補強しているのです。

実践行動⑤ ～リスクを適切に評価し、対応策を周到に打つ～

この章の最後に、知財活用に関連するリスクへの対応策について解説しておきましょう。

どのようなビジネスでも、新規の取り組みにはリスクが伴います。

〝変われない〟根本原因を取り除き、社会・顧客を起点に価値を生み出す取り組みには、大胆さやチャレンジ精神が必要であることに間違いはありませんが、このことと無謀であることは同義ではありません。

リスクを評価し、冷静に判断するとともに、それに必要な**リスク対策を周到に用意する**ことが非常に重要です。

それには、ひとつのプランAだけにすべてを注ぎ込むのではなく、いざというときのためにプランB、プランCを用意しておくことも必要ですし、場合によっては初めから分散的に複数のプランを並行して走らせるなどの対策もとれると良いでしょう。

知財ミックスの文脈で言えば、価値創造の源泉となる複数の知財は**「権利化」によって、予め法的に保護しておく**、というのもひとつの選択肢です。

技術やアイデアであれば特許権・実用新案権、デザインであれば意匠権、名称・ロゴであれば商標権、音楽・絵画・アニメ・キャラクター・漫画・ゲームなどの著作物であれば著作権、ノウハウであれば不正競争防止法に基づく権利、植物の種や栽培方法であれば育成者権と、所有者にはそれぞれの法的権利があり、一部は登録することでその権利を発動させることができるようになっています。

また、**グローバルに権利を取得する**手段もあり、ぜひともリスク対策の一環として大いに活用したいものです。知財の権利をリスク対策に有効に利用しているアップルが知財を盾に世界各地で裁判を起こし、ここ日本でも熱い戦いが繰り広げられていたことは記憶に新しいと思います。最後は和解となりましたが、多くの地域でアップルに有利な方向に裁判は動いていました。

そして、私自身も過去にある弁護士とともにアップルをサポートしていた経緯があります。アップルの特許の取り方は特徴的で、例えば、アプリのアイコンのデザインを意匠権と特許権でダブル登録するなど、**複数の権利をミックスし、何重にも重ねることで「権利の束」にする戦略**が有効に機能していたと考えられます。そのようにしてリスクを回避していたことも、同社の強さを支えているのです。

とくに2010年代に入ってからGAFAMの活躍によって、知財の世界に仲間入りした「データ」の所有権や使用権など、デジタル領域での知財の法的な取り扱いについては、2023年現在、まだ議論が十分に収斂していない状況にあります。しかし、データ化された知財の真性をブロックチェーン技術で保証するNFTなどが2020年ごろより本格的に使われ始め、爆発的に普及し始めることによって、法律面の整備も急ピッチに進むことが予想されます。

第6章

知財ミックスを加速するスタートアップとの協業

外部との連携の大切さ

第6章では、知財ミックスに欠かせない外部との連携を中心に、スタートアップとの関わり方や社内における新規事業創出の要諦について見ていきましょう。

とくに、知財を適切に活用する過程において、スタートアップや新規事業をどのように捉えていくのかがポイントとなります。


まず、企業における知財活用に関して、内閣府知的財産戦略推進事務局が発表している**「知財・無形資産ガバナンスガイドライン」**を見てみましょう。

そこには**「知財・無形資産の投資・活用のための5つのプリンシプル（原則）」**と**「知財・無形資産の投資・活用のための7つのアクション」**が記されており、この中にも、スタートアップとのアライアンスが含まれています。

ここまでの内容の復習にもなりますが、「To Be の目指す姿」の戦略構築においては、

・アウトカム（社会価値、経済価値）

図表29：「知財・無形資産ガバナンスガイドライン」の全体像

知財・無形資産の投資・活用の促進により、企業価値の向上、更なる投資資金の獲得
コーポレートガバナンス・コードの改訂（2021年6月）により、知財投資戦略の開示、取締役会による監督を明記
知財・無形資産の投資・活用戦略の開示・ガバナンスの在り方を分かりやすく示す
中小スタートアップや投資家・金融機関にも活用されることを期待
知財・無形資産ガバナンスガイドライン
ESG要請に対応し、環境・社会面の課題を長期的にプラスの価値評価につなげる
5つのプリンシプル（原則）
企業
投資家・金融機関
「価格決定力」「ゲームチェンジ」につなげる
・安易な値下げを回避し、高い利益率を追求
・イノベーションによる競争環境の変革
「費用」でなく「資産」の形成と捉える
・知財・無形資産投資を「費用」ではなく「資産」の形成と捉えることで大胆な投資を推進
「ロジック／ストーリー」として開示・発信
・投資家や金融機関に説得的に説明することで資金を獲得
・関係者との戦略を共有化
全社横断的体制整備と「ガバナンス構築」
・社内横串体制、関係部署の連携強化
・取締役会でのモニター、「骨太の議論」への昇華
「中長期視点での投資」を評価・支援
・中長期的な成長、ESG課題の解決の観点から知財・無形資産を評価・支援
スタートアップとのアライアンス、サプライチェーンとのパートナーシップ
知財・無形資産の投資・活用のための7つのアクション
現状の姿の把握
重要課題の特定と戦略の位置づけ明確化
価値創造ストーリーの構築
投資や資源配分の戦略の構築
戦略の構築・実行体制とガバナンス構築
投資・活用戦略の開示・発信
投資家等との対話を通じた戦略の錬磨

出典：内閣府「知財・無形資産の投資・活用戦略の開示及びガバナンスに関するガイドライン」より作成

・アウトプット（製品・サービスの提供）
・事業活動（競争力ある事業創出）
・インプット（強みとなる知財・無形資産）

の順にバックキャストで分析することで、知財・無形資産を活用したサステナブルなビジネスモデルを検討し、競争優位を支える知財・無形資産の維持・強化に向けた戦略の構築などが挙げられています。それらは解決するべき社会課題などからバックキャスティングにより逆算で組み立てることが基本になるという、本書の考え方と整合します。

とくに新規事業を生み出すための知財活用を進めるにあたっては、イノベーションマネジメントシステムにおけるアイデア創出において、**外部コラボレーション**を成功させることが重要となります。そして、事業会社とスタートアップが**双方の強みを活かしつつ、弱みを補完し合いながら連携**することで開発・事業化を加速することが期待されます。

しかし、ここ日本においては、スタートアップとの連携の重要性に対する認識が高まる一方、いまだ連携が不足しているのが現状です。

内閣府のガイドラインにおいても、スタートアップとのアライアンスは重要視されており、その背景とともに、次のようなポイントが挙げられています。事例として掲載されている「大企業とスタートアップとのアライアンスの取組」の内容とあわせてチェックしておきましょう。

図表30：戦略構築の流れ

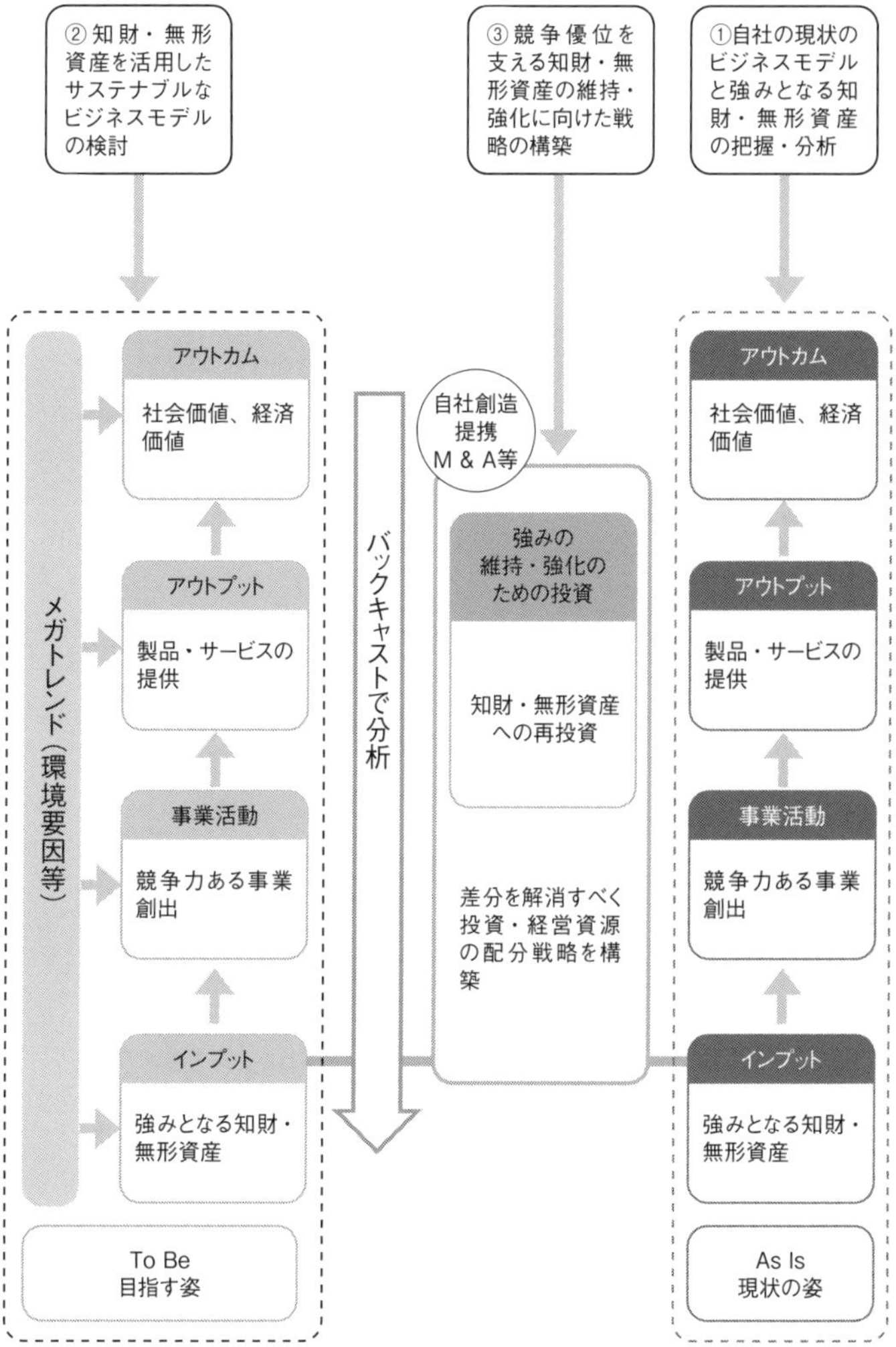

出典：内閣府「知財・無形資産の投資・活用戦略の開示及びガバナンスに関するガイドライン」より作成

・日本のイノベーション能力を最大限発揮するためには、優れた知財や人材など企業が有する経営資源を真に必要としているビジネスの現場に最適配置することは欠かせない。大企業の事業の一部を切り出し、その経営資源をカーブアウトやスピンオフなどによりスタートアップにおいて活用することは、社会全体としてイノベーションを活性化させる上で大きな意義がある。しかしながら、日本においては、大企業からのカーブアウトやスピンオフは、欧米に比べて少ない状況であることから、これを活性化させていくことによって、社会全体のイノベーションの進展につながると考えられる。

・また、スタートアップによって生み出された知財については、これを投資家が適正に評価し、IPO等を通じてスタートアップの資金獲得につなげてビジネスの拡大をもたらしていくことに加えて、大企業がM&Aを通じて、スタートアップの生み出した知財を獲得し、大企業の保有する様々なリソースを活用しつつ社会実装につなげていくことも重要である。

・また、大企業が、ベンチャー・キャピタル（VC）やコーポレート・ベンチャー・キャピタル（CVC）を通じて、アーリーステージから長期にわたりスタートアップに対する投資を行い、人材等のリソースを割いて支援する姿勢も重要である。

・こうした大企業のリソースとスタートアップのイノベーション機能の連携・コラボレーションによる知財・無形資産の更なる創出や活用が成功するためには、大企業の側に、ス

図表31：事業会社とスタートアップの連携の必要性

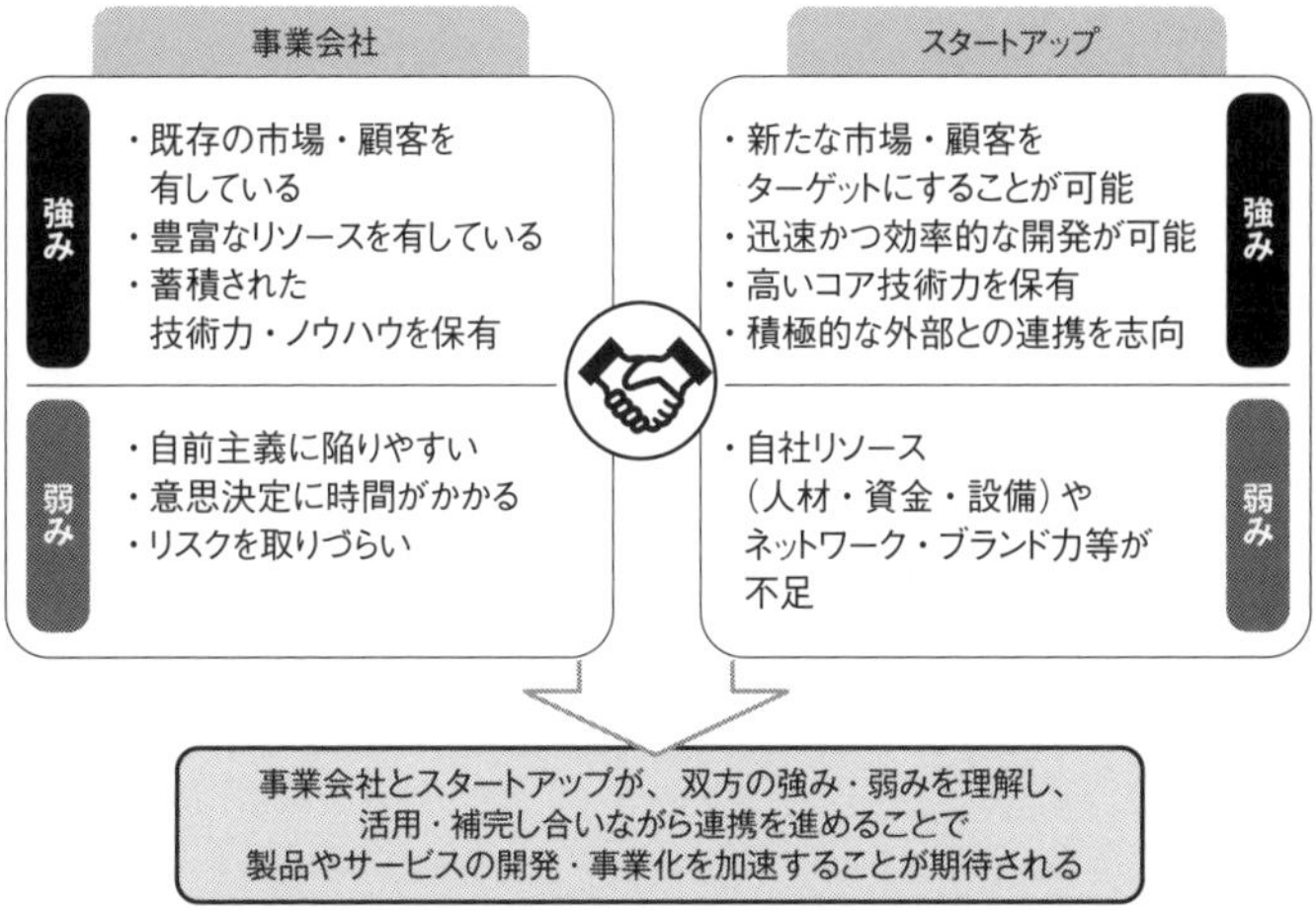

事業会社
強み
・既存の市場・顧客を有している
・豊富なリソースを有している
・蓄積された技術力・ノウハウを保有
弱み
・自前主義に陥りやすい
・意思決定に時間がかかる
・リスクを取りづらい
スタートアップ
強み
・新たな市場・顧客をターゲットにすることが可能
・迅速かつ効率的な開発が可能
・高いコア技術力を保有
・積極的な外部との連携を志向
弱み
・自社リソース（人材・資金・設備）やネットワーク・ブランド力等が不足
事業会社とスタートアップが、双方の強み・弱みを理解し、
活用・補完し合いながら連携を進めることで
製品やサービスの開発・事業化を加速することが期待される

出典：経済産業省「事業会社と研究開発型ベンチャー企業の連携のための手引き」より作成

タートアップの生み出した成果である知財を十分に活かす能力や、スタートアップのイノベーション機能を自社の経営に積極的に取り入れ、社内の構造改革にも大胆に活かしていくという覚悟が求められる。しかしながら、大企業とスタートアップの連携においては、大企業が自社の都合を優先させてしまう、スタートアップの持つリソースや強みを理解できない、買収後の統合作業（PMI：Post Merger Integration）が適切に実施できない、などの事由により、Win-Winの連携が阻まれる事例が指摘されている。こうした大企業のスタートアップとの連携姿勢を変えていき、Win-Winの関係を築いていくためには、大企業のトップが強い覚悟を持ち、それが現場にしっかりと浸透することが不可欠である。

・このため、企業は、取締役会において、どのようにスタートアップのイノベーション機能を評価し、その積極的な活用に取り組み、投資対象として捉えているかといった観点から監督し、投資家や金融機関に対して開示・発信していくことが求められる。

スタートアップとのアライアンスの進め方

では、どのようにしてスタートアップとのアライアンスを進めていけばよいのでしょうか。それぞれのステップを確認しておきましょう。

スタートアップと事業会社との連携に際しては、イノベーションマネジメントシステムの④**イノベーションプロセス**と⑤**外部コラボレーション**を並べ、標準的なステップを整理すると分かりやすいでしょう。

イノベーションマネジメントシステムにおけるイノベーションプロセスとしては、これまでにも述べてきたような**「アイデア創出」「製品・ビジネスモデル検証」「事業化」**という流れが基本となります。これに沿って、外部のコラボレーションを進める場合には、次のようなステップで進んでいくことになります。

〈アイデア創出〉
STEP1　戦略策定～オープンディスカッション
STEP2　協業交渉
〈製品・ビジネスモデル検証〉
STEP3　契約締結～履行期間中
〈事業化〉
STEP4　事業シナジーの発揮

もっとも、スタートアップをはじめとする外部との連携は、決して容易ではありません。それぞれのステップごとに壁があり、乗り越えるのが難しい点も多いのです。

経済産業省「平成28年度産業技術調査事業（研究開発型ベンチャー企業と事業会社の連携促進に向けた調査）」の中で実施されたアンケートにおいて、「最近3年間に事業会社／研究開発型ベンチャー企業との連携を検討した経験がある」と回答した企業のうち、連携ステップにおいて、いずれかの壁にぶつかった企業の割合は非常に高いことが報告されています。

調査結果によると、「STEP1　戦略策定～オープンディスカッション」の時点で話が途絶えてしまい、次の協業交渉まで進めないケースが大企業では61％、スタートアップに至っては70％となっています（「壁にぶつかった経験がなく、成果も上がっていない」と回答した企業は母数から除く)。また、「STEP2　協業交渉」「STEP3　契約締結〜履行期間中」「STEP4　事業シナジーの発揮」の各段階においてもそれぞれ壁があるとされています。

その背景には「事業会社とスタートアップとの実力を評価する仕組みの不足により、意思決定者同士の討議に至らない」「スタートアップの技術の質を見極めきれず、事業会社側の要求水準を満たすかどうかが判断できない」「連携の成果の帰属やライセンスをめぐる協業交渉で折り合えない／自社に不利な内容で締結してしまう」などの原因があると考えられます。

以上を踏まえて、スタートアップとの連携にあたって必要な心構えについて見ていきます。前提として、事業会社とスタートアップの違いを理解した上で連携に臨むことが重要となります。**「事業準備」「コンタクト」「終わり方」**に関するチェックポイントを確認しておきましょう。

〈事前準備〉

・ウェブサイト等の公開情報で連携候補と考えている**企業のプロフィール**(創業年、役員名等)などの基本情報は事前に把握している。

・連携によって**期待する成果を明確化**している(お互いに共有できる目的を意識している)。

・連携を具体的に進める場合に必要な**自社の社内決裁プロセスやかかる期間を把握**している(スタートアップから質問されることを想定)。

図表32：「イノベーションマネジメントシステム」における事業会社とスタートアップの標準的な連携ステップ

④イノベーションプロセス	⑤外部コラボレーション		連携の種類：技術等の連携	連携の種類：資本連携
アイデア創出	STEP1 戦略策定〜オープンディスカッション	スタート	オープンイノベーション戦略の策定	
		エンド	契約（NDA等）交渉前のオープンディスカッション・トライアル実施	
	STEP2 協業交渉	スタート	契約（NDA等）締結に向けた協業交渉開始	
		エンド	共同研究開発、ライセンス貸与・借用等の契約締結	投資契約等の締結
製品・ビジネスモデル検証	STEP3 契約締結〜履行期間中	スタート	契約期間（フェーズ1）開始	投資実行、JV設立
		エンド	次フェーズ検討/連携解消の意思決定	追加投資（M&A含む）の検討/見送りの意思決定
事業化	STEP4 事業シナジーの発揮	スタート	契約期間（フェーズ2）開始/連携解消	追加投資（M&A含む）実行/見送り
		エンド	事業シナジーの発揮/連携解消を乗り越えた再チャレンジ	

出典：経済産業省「事業会社と研究開発型ベンチャー企業の連携のための手引き」より作成

〈コンタクト〉

・**〝Give First（与えることから始める）〟**の理念を徹底している（一方的に相手に情報を要求せず、事業会社ならではの知見を積極的に提供）。

・固定電話やメールよりも携帯電話やFacebookのメッセンジャーの方が、連絡が取りやすい場合が多いことを理解している。

・一度連携先が実施したプレゼンテーションの内容は**自社の関連部門で共有し、必要以上に同じ説明を繰り返させていない**。

・スタートアップの社長・経営陣との打合せの**約束の時間は守っている**（意思決定者が参加していることを認識）。

・打合せはいつも自社で開催するのではなく、**積極的にスタートアップを訪問している**（オフィスを訪問することでカルチャーを感じ取ることが相互理解に有効）。

・打合せには可能な限り**意思決定者が参加し、安易に〝持ち帰っていない〟**。

〈終わり方〉

・仮に連携を検討した結果としてそれが実現しなくても、お互いが次なるチャレンジでの成功確率を上げられるように明確に理由を伝え、**両者が納得してコンタクトを終えている**（期待を持たせた結果として理由も伝えないことは、スタートアップ界隈での自社に対する評価の毀損に直結)。

外部コラボレーションを成功させるための4つのステップ

外部のコラボレーションにおける**「STEP1　戦略策定～オープンディスカッション」「STEP2　協業交渉」「STEP3　契約締結～履行期間中」「STEP4　事業シナジーの発揮」**の各ステップについて、それぞれの具体的な中身を掘り下げていきましょう。

STEP1の戦略策定～オープンディスカッションにおいては、次のようなポイントが挙げられます。

・マッチング段階では技術・人材面で事業会社の要求水準に達していないケースが多い一方、外部の支援を得ながら高めていくことが必要です。技術・人材のギャップを克服するため、事業会社がスタートアップを育成するアクセラレーションプログラムやスタートアップファンドを活用している企業もあります。

・多くの事業会社はスタートアップと事業や研究開発の領域が重複しており、外部リソースの活用について社内からの抵抗を受けやすい状況にあります。自前主義に陥らずに社外連携を促進するために、定量的な目標・指標やインセンティブを設定している企業もあります。

・事業会社がスタートアップとの連携を具体化させるためには、連携すべき領域を明確化することが重要です。連携領域を定めるための方法として、現場で実行できる段階まで領域を詳細化し、自社よりも外部が強みを持つ領域を明確化することで、連携の専門組織が社内で一貫した発信を実施している企業もあります。

海外の企業は、スタートアップ育成の知見を持つ外部のアクセラレータ（スタートアップの支援を行う組織及びプログラム）と連携しながら、自社との事業シナジーを見極め、有望なスタートアップの発掘・育成を行うためのプログラムを展開しています。

また、複数の事業会社が複数のスタートアップを育成する枠組みで、個社による取り組みの制約を克服し、特定の事業会社の意向に影響されない形で有望なスタートアップを発掘・育成しています。さらに、先行企業は戦略的に社外と連携する領域を決めながら展開しています。

社外連携に関する目標やインセンティブを設定することも重要です。

ＣＶＣの社外連携のプロジェクト責任者の指標（ＫＰＩ）として関連会社との連携による成果を設定している企業もあります。例えば、ＣＶＣの投資資金の一部を、自社の連携担当部門

（受け入れ先）が連携プロジェクトのために活用可能とすることで、資金リスクを軽減する、などの対策も考えられます。

次に、**STEP2の協業交渉**におけるポイントを確認していきましょう。主に、次のような要素が挙げられます。

・連携を具体化するためには、目的に合致した契約の締結が必要です。契約書作成・交渉には、条件規定書（タームシート）を活用して契約の要点を先に合意する方法と、契約書ひな形をベースに進める方法が存在し、とくに前者は新規の連携先との連携において有効です。

・いずれのケースにおいても、初期段階から社内外の専門家を活用することが重要です。事業会社においては、スタートアップとの契約に慣れている知財担当者が法務担当者に相談することでスピードアップできることもあります。

ここで重要なのは、互いに納得できる契約交渉とその締結の進め方です。

例えば、契約内容の要点を記述した条件規定書（タームシート）を基に効率的に交渉を進めている企業があります。とくに、これまで実績のない相手などとの契約においてタームシートの活用が有効なのですが、もちろん既存の契約においても利用することができます。

ある企業は、達成しようとするビジネスの理解を前提に、主たる法律関係、従たる法律関係、一般的な法律条項の特定を進めることでビジネスの目的に合致した契約書を作成しています。個別の状況に応じて適切に行うために、初期段階から社内外の法務・知財の専門家を活用することも大切です。

契約は、ビジネスの流れに沿って、おおまかに**「秘密保持契約（NDA）」「共同開発契約」「共同出願契約」「特許ライセンス契約」**の4パターンがあります。全体像とともに、それぞれの内容をチェックしておきましょう。

・**秘密保持契約（NDA）**
双方の連携を具体化するべく、技術情報等を相手先に開示する際、情報の流出を防ぐために締結するもの

・**共同開発契約**
特定の技術や製品の開発に関し、それらを分担・協力して行うために締結するもの

・**共同出願契約**
共同で行った開発等の過程において生じた出願・権利について、取り決めを行うために締結するもの

・**特許ライセンス契約**

連携の成果として生じた知財について、権利を保有する主体がその使用を第三者に許諾するために締結するもの

STEP3の契約締結〜履行期間中は、次のような点に注意する必要があります。

・契約交渉を乗り切り、無事に連携プロジェクトを開始したものの、当初立案した仮説が検証されないままに継続されてしまうことを回避することが重要です。試作品段階で顧客／ユーザのフィードバックを得るなど外部の視点を組み込みながら、技術やビジネスモデルの仮説検証を早期に行う仕組みを導入します。

・事業会社の連携の当事者となる部門が既存顧客に近い部門の場合、既存製品の品質基準やブランドイメージとの衝突を回避することが必要です。一定程度独立した別会社を設立することで衝突を回避します。

・事業会社が研究開発型ベンチャー企業との事業シナジーを発揮するためには、迅速な投資意思決定や社内文化の橋渡し、仮説構築の支援を実現するための仕掛けが必要です。ＣＶＣ等の社外連携の専門組織を連携先部門に併設し、トップを兼任として配置するのが有効です。

ここで重要なのは、外部の視点を取り入れた仮説検証の仕組みです。

当初のビジネスアイデアが間違っていることを前提に、外部の視点を取り入れた「仮説検証を繰り返す」ことで、結果的に「成功への近道」に低リスク・小投下リソースでたどりつくように活動をマネジメントする必要があります。

加えて、信頼関係を構築しつつ、仮説検証と投資意思決定を実現する仕組みについてもふれておきましょう。

そもそも社外連携の専門組織には、機能に応じた多様な形態があります。CVCは、投資機能だけでなく、自社とのシナジー創出につながる技術の探索や共同研究開発等の技術連携を進める機能を具備するのが通例となります。

また、機動的な投資意思決定を確保しつつ、資本連携によるストラテジックリターンとファイナンシャルリターンを追求するための新たな手法として、事業会社によるCVCの設立が活発化している実情もあります。ある会社では、ストラテジックリターンを追求するために、自社事業や社内事情を理解した人材のみでCVCメンバーを構成し、CVCと新規事業部門のトップを兼任させることで、ベンチャー企業との橋渡し役として機能しています。

最後に、STEP4の事業シナジーの発揮について見ていきましょう。主に、次のようなポイントが挙げられます。

・一度開始した連携プロジェクトの成功の見込みが薄くなった場合、プロジェクトが不必要に引き延ばされてしまうことを避け、早期に次なるチャレンジに向かうことが重要です。途中で連携の見直しを行えるようにするための条項を事前に契約に盛り込んでおくことで、痛手を最小化しながら早期に次なるチャレンジに向かえるように規定します。

・当初想定した事業シナジーが発揮できなかった場合でも、結果や経緯をうやむやにせず、失敗からの学びを得て次なるチャレンジでの成功確率向上を図ることが重要です。失敗からの学びをノウハウ化して再チャレンジでの成功確率を上げるために、社内横断チームによる振り返りから学びを抽出する方法や、専門組織が主導して社内の知見共有を担う方法を採用することが有効です。

この段階でとくに重要なのは、「連携の早期見直しにより痛手を最小化するための契約規定」です。

例えば、ある企業は、連携プロジェクトの成功の見込みが薄くなった場合を見通して明確なマイルストーン（中間目標）を設定し、当初合意した条件を満たさない場合は連携内容を途中で見直すことができる条項を事前に契約で規定しています。また、組織横断での失敗事例の振り返り・共有を通じて、リスクを取ったチャレンジから得た便益を最大化している企業もあります。社内に知見共有の専門組織を設置し、研修や表彰制度を通じて、新規事業提案制度をはじめとするグループ内のイノベーション活動における成功・失敗事例の抽出と共有を主導しているのです。

「出島」の発想

社内の新規事業立ち上げに関しても、イノベーティブな事業創出を目指す場合、**既存の商品やサービス、技術やアイデアを前提につくられた会社内の組織や制度、運用ルールにとらわれることなく、ゼロから立ち上げていった方がやりやすい**こともあります。そもそも、世界を変えるようなイノベーションを目指しているのに、今までの延長線上の組織や制度にマッチするほうがおかしな話です。その中でもがき苦しむよりも、何もないところからスタートした方がスムーズに進むはずだ、という発想です。そこで用いられているのが「出島」というものです。

これは長崎の出島をイメージした言葉で、**社内のルールや規則、慣例などに則らない「特区」で新規事業を構想していく**進め方となります。

例えば自動車会社であれば、ガソリン車をつくっているチームの人は、そこでのルールに則って仕事をしなくてはいけないと考えがちですが、そこからは斬新なアイデアが出てくるケースは少ないでしょう。そこで、新たにチームをつくり、「ここではガソリン車の事業部門の人たちは一切口出しをしない」などのルールを決めて、自由な発想ができる「出島」を設けるのです。そうすることで、既存の枠組みにとらわれない、まさにスタートアップのようなアイデアが生まれてきます。

トヨタのハイブリッドカーであるプリウスなどは、そうした仕組みの中から生まれたものですが、その他にも様々な企業が出島のような仕組みを取り入れています。本当に分社化して新たな法人をつくる会社もありますが、社内カンパニー制を採り、法的な会社ではないものの既存の仕組みから解放させた組織構成にすることで、既存の事業にとらわれることなく、イノベーティブな商品・サービスを開発しようとしているのです。

例えば京セラは、本社が京都にありますが、横浜のみなとみらいに「出島」をつくっています。「みなとみらいリサーチセンター」と呼ばれ、ホームページには次のような説明によって拠点概要が記されています。

京セラみなとみらいリサーチセンターは、エネルギー、情報、通信、車載など京セラの研究開発部門が集結したシステム関連の基幹リサーチセンターです。近年、ＩｏＴや人工知能（ＡＩ）、ロボティクス、自動運転など様々な領域で技術革新が進展しています。京セラみなとみらいリサーチセンターはその様な技術革新において一層重要性が増しているソフトウェアや機器、システム関連の基礎研究及び応用技術の開発に注力しています。材料・デバイス分野を中心とする「京セラけいはんなリサーチセンター」と共に、人と人との連携を通じたオープンイノベーションを推進します。

また世界の情報や人が行き交う「みなとみらい」のロケーションを活かし、オープンイノベーションを一層推進するための新たな「共創スペース」を設置し、社内外の多くの人が出会い、活発に交流、触発、協力しあいながら、新たな価値を生み出す取り組みを進めます。

そこでは、京セラの社内において従来型のビジネスを行ってきた人たちから口出しをされることなく、事業を進めていくことができるとされています。具体的には、**同社が求める品質チェックや厳格なルールに従わなくて良いため、時代やニーズを先取りした新製品を手掛けることが可能**となるのです。

また、ときには顧客を巻き込んで開発を進めたり、新製品のあり方を柔軟に検討したりするなど、チーム全体が発想豊かに活動できるような工夫がされています。その結果、**社内の既得権益的な考え方を打破し、部門としての新たなビジョンに向かって邁進できる**のです。

ここで重要なのは、自分たちが社会にどんな価値を提供していきたいのかを明確にしながら、そのために必要な行動を愚直に行っていくこと。既存の仕組みが障壁となってしまう場合は、**出島のような環境を設けて、オープンイノベーションを生み出すべく行動していく**ことも大事なのです。

そんな京セラの研究開発の事例としては、先端技術で様々な生活シーンに根付いたソリューションを提案しているのが特徴です。例えば同社のホームページには、次のようなものが挙げられています。

・I2X路側機

信号のない交差点での安全性向上のため、通信分野と車載分野で培った技術を応用し、歩行者や自動車の位置情報などを収集・配信するI2X（※1）路側機を開発しています。運転時の走行支援の有用性や、社会受容性の確認など実証実験を行い、自動運転に不可欠な新たなITS（※2）インフラとして全国での展開を目指しています。

※1　I2X：Infrastructure-to-everything
※2　ITS：Intelligent Transport System（高度道路交通システム）

・スマート無人レジシステム

京セラ独自の物体認識AI技術で、重なり合った複数の商品を即座に1台のカメラで認識。従来の方法に比べ、新規商品登録の学習時間を大幅に削減します。店舗の利用者負担を軽減し、運営面でも効率化や対人接触機会の削減に貢献します。

未来価値のつくり方（ＢＵＩＬＤの例）

私が経営するコンサルティング会社「テックコンシリエ」がクライアントから依頼を受けるコンサルティングプロジェクトもそうですが、大手企業で新規事業を担当しているチームは、「自分が事業オーナーになったつもりで、自由に企画せよ」とトップから言われていることが少なくありません。そのため、**研究開発やサービスの中身、サービス名称、販路などを自分たちで一から考え、社内でスタートアップを立ち上げる**かたちになります。

そこで、このような企業の人材をサポートするための**未来価値創造ゼミ「ＢＵＩＬＤ」**という人材養成講座を用意しています。「Bring Up Innovation Leaders for Design of the new era」の略称で、**イノベーションによって新世代をデザインするためのリーダーを育てる**という内容です。10年後の社会の姿を想像し、バックキャスティングによって未来価値を創造することを目標として設定し、その実現に向けて、最初の一歩を踏み出すための体験型ゼミとなっています。

そこでは、ＤＸやデザイン思考などのメソドロジー（方法論）を応用しながら「10年後にわ

図表33：未来価値創造ゼミ「BUILD」が推奨するStepとアウトプット

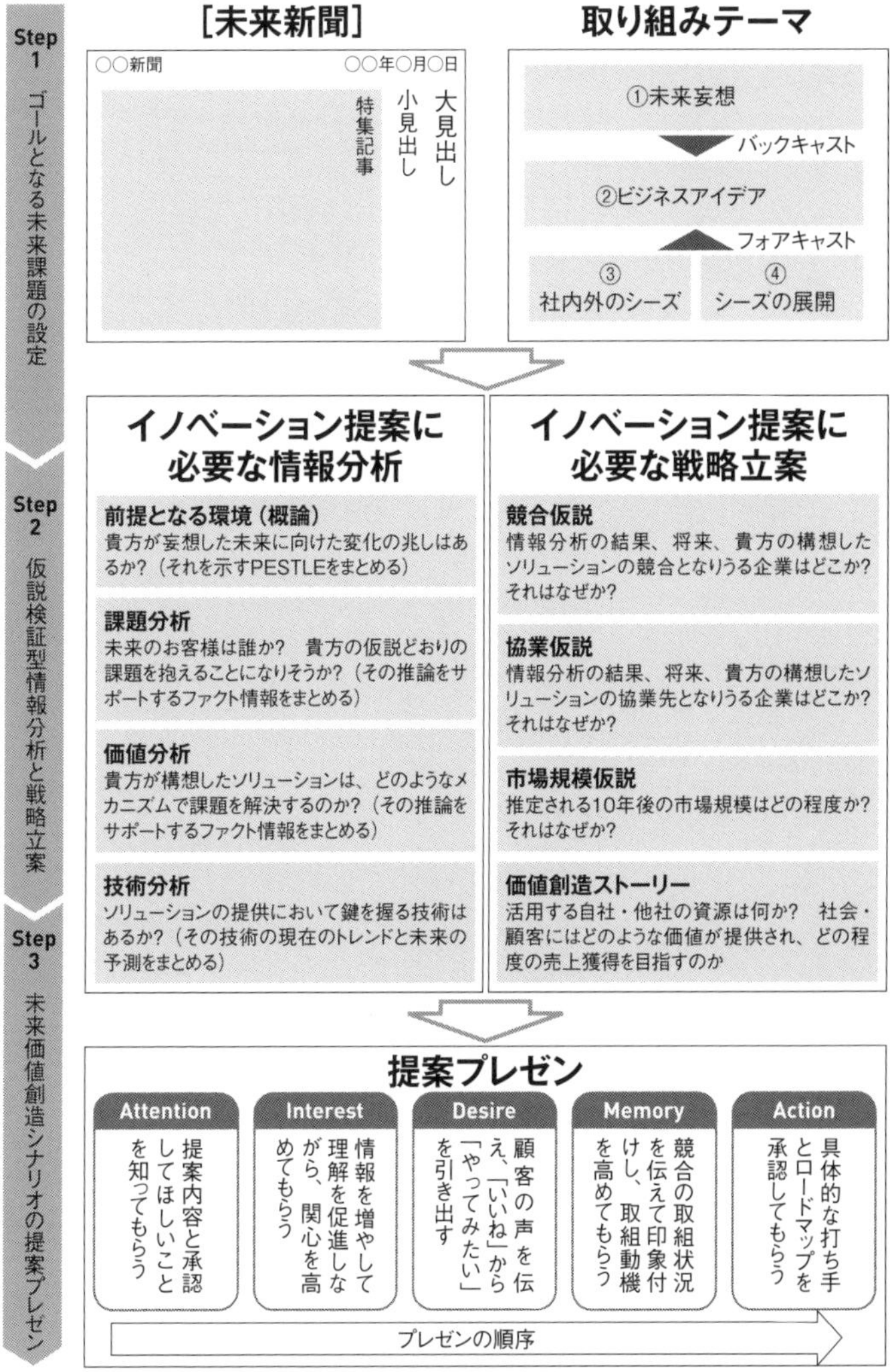
Step 1
ゴールとなる未来課題の設定
［未来新聞］
○○新聞
○○年○月○日
大見出し
小見出し
特集記事
取り組みテーマ
①未来妄想
バックキャスト
②ビジネスアイデア
フォアキャスト
③社内外のシーズ
④シーズの展開
Step 2
仮説検証型情報分析と戦略立案
イノベーション提案に必要な情報分析
前提となる環境（概論）
貴方が妄想した未来に向けた変化の兆しはあるか？（それを示すPESTLEをまとめる）
課題分析
未来のお客様は誰か？　貴方の仮説どおりの課題を抱えることになりそうか？（その推論をサポートするファクト情報をまとめる）
価値分析
貴方が構想したソリューションは、どのようなメカニズムで課題を解決するのか？（その推論をサポートするファクト情報をまとめる）
技術分析
ソリューションの提供において鍵を握る技術はあるか？（その技術の現在のトレンドと未来の予測をまとめる）
イノベーション提案に必要な戦略立案
競合仮説
情報分析の結果、将来、貴方の構想したソリューションの競合となりうる企業はどこか？それはなぜか？
協業仮説
情報分析の結果、将来、貴方の構想したソリューションの協業先となりうる企業はどこか？それはなぜか？
市場規模仮説
推定される10年後の市場規模はどの程度か？それはなぜか？
価値創造ストーリー
活用する自社・他社の資源は何か？　社会・顧客にはどのような価値が提供され、どの程度の売上獲得を目指すのか
Step 3
未来価値創造シナリオの提案プレゼン
提案プレゼン
Attention
提案内容と承認してほしいことを知ってもらう
Interest
情報を増やして理解を促進しながら、関心を高めてもらう
Desire
顧客の声を伝え、「いいね」から「やってみたい」を引き出す
Memory
競合の取組状況を伝えて印象付けし、取組動機を高めてもらう
Action
具体的な打ち手とロードマップを承認してもらう
プレゼンの順序

出典：未来価値創造ゼミ「BUILD」テキストより作成

が社はどうなっていたいのか。自分はその時、どんなことで社会・顧客に貢献していたいのか」から逆算し、自分たちがその価値を届けるためにどんな知財をミックスして使えるのかを検討していきます。**技術やアイデア**もさることながら、**デザイン的なもの**も含まれたり、その他**様々な知財を加え、組み合わせたりしながら、新しい価値をつくっていく**流れがあります。その過程で、スタートアップとの連携も含めて、社内におけるイノベーティブな新規事業の創出が検討されていきます。

ＢＵＩＬＤで提案している価値創造のメカニズムは、主に次のような流れで示されています。

ＳＴＥＰ１：ゴールとなる未来課題の設定
ＳＴＥＰ２：仮説検証型情報分析と戦略立案
ＳＴＥＰ３：未来価値創造シナリオの提案プレゼンテーション

ポイントは、これまでにお伝えしてきた**「バックキャスティング」**の発想と、従来型の**「フォアキャスティング」**の接合点を探るような仕方で、知財活用も含めた諸要素を集約しながら、その企業ならではの未来価値創造を実現していくことです。

・**バックキャスティング**（超長期の視点で重大な変化を予期し、備える）：極端な未来が「来

図表34：バックキャスティングによる技術目標の設定イメージ

事業戦略に基づく技術開発を通じてビジネス主導のイノベーションを実現し、経済成長の加速を目指す。

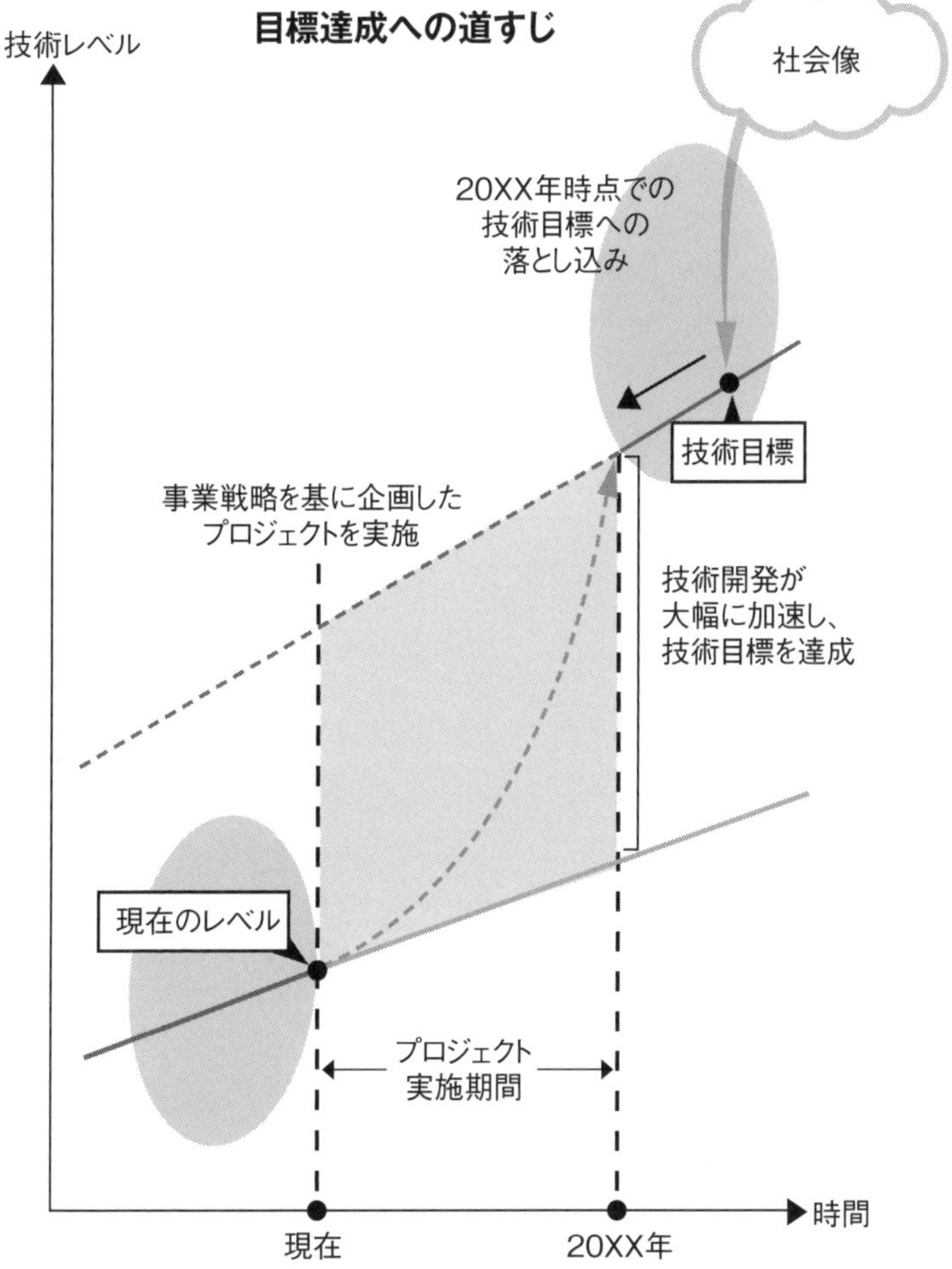

出典：未来価値創造ゼミ「BUILD」テキストより作成

るもの」と仮定して、「そうなったとき、私たちはどうしているだろうか？」と考える（できない理由ではなく、できたときのことを考える）。

・**フォアキャスティング**（確率の高い未来を予測する）：予測をしようとすると、確からしさを求めてしまうために、現状の「変わらない理由」に搦め捕られないように意識する。

ここで重要なのは、バックキャスティングの発想を基本としつつ、フォアキャスティングとの接合を目指すことにあります。つまり、未来の社会像があり、現時点で会社が保有する資源があり、そこから戦略に基づく知財活用や事業展開の方向性を導き出していきます。

グーグルをイメージすると分かりやすいですが、同社はインターネットを中心とした**広告ビジネス**を軸に、自社の資源を活用しつつ、世界中に価値提供を行っています。そのような発想が根底にあり、すべてのサービスが計算されてデザインされています。

また、その延長線上に「グーグルカー」などの斬新かつ未来的な発想の開発もあり、それは未来と現在の接合点からビジネス化しているものと考えられます。

あくまでも、**ファーストステップを未来に置いているからこそ、知財を含む資源の活用が最適化**されていくのです。その考え方を実現するために必要な手順を用意しています。

図表35：現状維持バイアスを克服し、バックキャストで未来の課題をつかむ

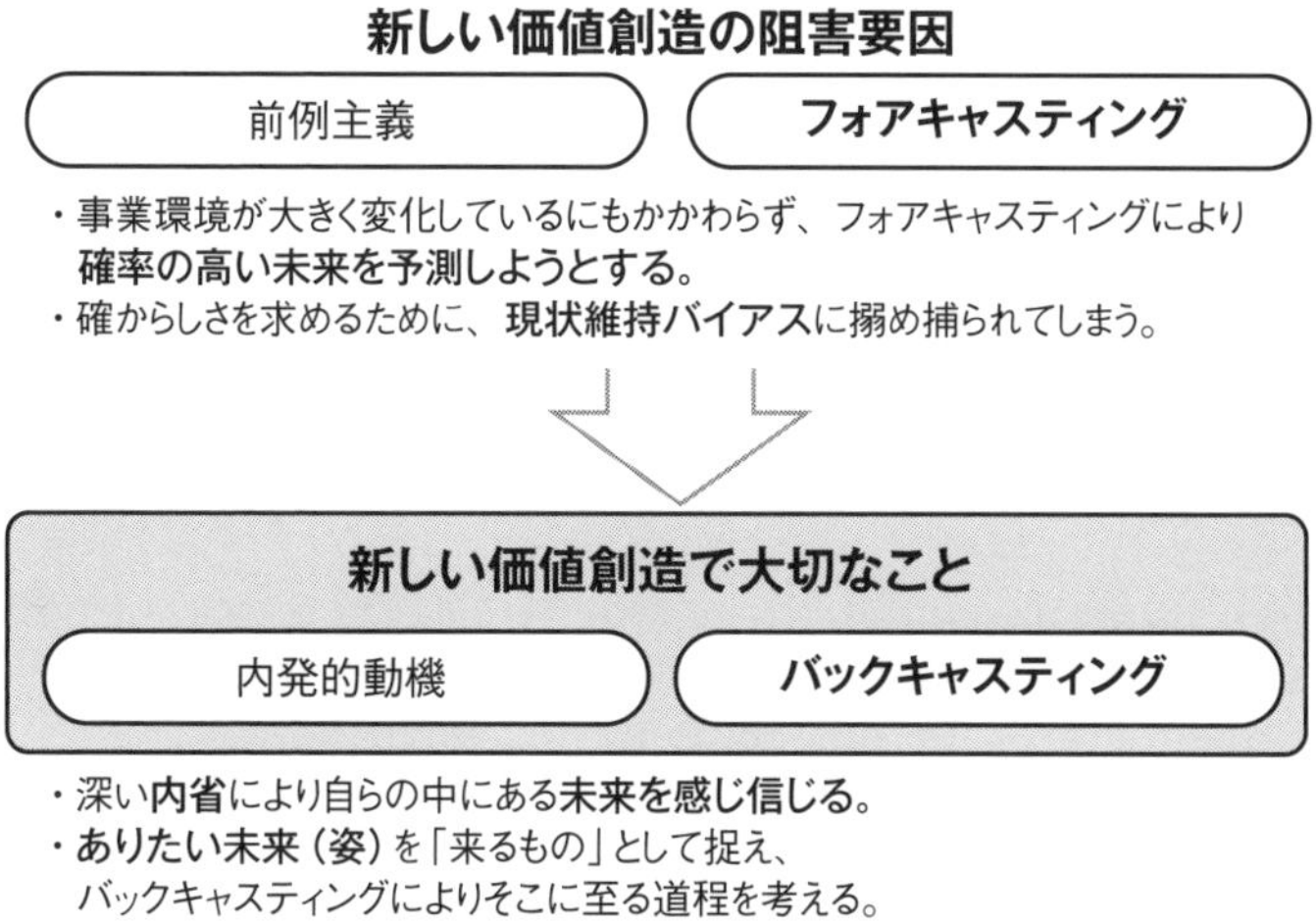

新しい価値創造の阻害要因
前例主義
フォアキャスティング
・事業環境が大きく変化しているにもかかわらず、フォアキャスティングにより確率の高い未来を予測しようとする。
・確からしさを求めるために、現状維持バイアスに搦め捕られてしまう。
新しい価値創造で大切なこと
内発的動機
バックキャスティング
・深い内省により自らの中にある未来を感じ信じる。
・ありたい未来（姿）を「来るもの」として捉え、バックキャスティングによりそこに至る道程を考える。

出典：未来価値創造ゼミ「BUILD」テキストより作成

ここでは**「STEP1：ゴールとなる未来課題の設定」**の概要とその中身について簡単に確認しておきましょう。

まずは、ゴールとなる未来課題の設定として「テーマ」を見極めていきます。ここでは、**「①未来に対する妄想」「②ビジネスアイデアの構想」「③社内・社外のシーズの探索」「④シーズの展開」**などの項目をもとに、新規事業について検討していきます。

手順としては「未来の世界を見据えながら社内でイノベーション活動を推進するためのバックキャスト」と「知財等の技術情報を活かしたフォアキャスト」の双方向の分析を駆使し、「その接合点から自社におけるイノベーションを提案する」という流れになります。

ただし、新しい価値創造においては「前例主義」や「フォアキャスティング」などが阻害要因になる可能性があるため、「内発的動機」「バックキャスティング」へと、意識的に発想を切り替えていく姿勢を大切にします。

他方で、フォアキャスティングの部分に関しては、別の視点からの分析が必要です。そこで用いられるのが前述の「ＩＰランドスケープ」です。

経営戦略または事業戦略の立案に際し、経営・事業情報に知財情報を取り込んだ分析を実施し、その結果、現状の俯瞰・将来展望等を経営者・事業責任者と共有することが求められます。

このような流れを踏まえて、**「ＳＴＥＰ２：仮説検証型情報分析と戦略立案」**や**「ＳＴＥＰ３：未来価値創造シナリオの提案プレゼンテーション」**へと進んでいくこととなります。

ＢＵＩＬＤは、日本を代表する多くの企業の経営企画部門、事業開発部門、研究開発部門、知財部門などに所属する若きリーダーたちが集い、これまで数多くの新規事業テーマを生み出してきました。具体的な内容とその効果については、ぜひＢＵＩＬＤに参加していただいた上で体感してもらいたいのですが、いずれにしても、未来からのバックキャスティングによって最適化された知財の活用が、価値創造においていかに重要なファクターとなっているのかはすでにお分かりいただけたことと思います。

おわりに

このままでは、日本は「次の10年」も失ってしまう！

本書では、「失われた30年」を経験してきた企業や個人が、絶望感に打ちひしがれたまま「ジリ貧」から「ドカ貧」の崖に転がり込んでしまうのを防ぎ、大胆に舵を切って、**逆転の路線に返り咲くための処方箋**として**「知財ミックス」**について紹介してきました。

ここでいう知財とは、**匠の技術、アイデアやノウハウ、デザイン、データ**など物理的な形状がないものすべてです。ここ日本においては、**「おもてなし」の精神**などもそうかもしれません。無色透明で目に見えないので、気づきにくいのですが、要するに「人の頭の中にあるもの」や「組織の中に落ちているもの」であり、今までうまい言葉が見つからず、「強み」とか「創意工夫」といった言葉で何となくまとめられていたものなのです。

蓋を開けてみたら、なんてことないと思われるかもしれません。わざわざ「知的財産」などという仰々しい名前で呼ぶので、かえって縁遠く感じるかもしれませんが、実はどこにでもある身近なものです。でも、身近すぎてぞんざいに扱ってきたのが私たち日本人なのではないでしょうか。店舗でのおもてなしの精神や技術者の技巧を凝らした仕上げ作業なども、現場担当者の善意でやっているだけの「創意工夫」で片づけていなかったでしょうか。長期的な未来を見据えて世界観を描き、織りなせば美しい織物になるはずの無色透明の糸を、紡いでお客様に届けることもなく、社内のあちこちに大量に放置していないでしょうか。

2000年代以降の世界を制覇したGAFAM、そしてこれからの時代を担おうとしているFANG+などの急成長している企業はいずれも、そのなんてことない「知財」という目に見えない糸を、愚直に丁寧に紡ぎ合わせて「見える化」しているだけなのです。そして、ファンが惚れ惚れするほど調和のとれた、色彩豊かな美しい織物に仕立てて、体験価値として届けているからこそ、社会・顧客から拍手喝采で受け入れられ、ダイナミックに稼ぎ続けることができているわけです。

この30年を失い続けている**日本人に欠けているのは、知財ではなく、それを活かすための実践行動**です。世界的に見れば、日本はむしろ知財リッチな国です。今から積み上げる必要がない分、大きなアドバンテージがあります。行動さえ変えれば、状況を変えられるわけですから。

本書が提案する知財ミックスは、そんな日本人が不得意とする行動すべてに対して直接効果を発揮するものです。荒療治ではありますが、私が知る限り**日本の企業や個人が、自身の力で明日からでも実行しうる新規事業創出の最良の方法**であると確信しています。私が、数々のグローバル企業で実績を積み、現在日本の多くの企業において、日本らしさを活かしながら、次々と成果を上げているからこそ、自信をもってお勧めすることができる手法論です。

各章では、敢えて何度も何度も同じメッセージをしつこく送らせていただきました。それは、変われない日本人の心理的な障壁を取り除き、**心に刻み込んでほしい**からです。そして、何より**自信を持ってほしい**からです。ぜひ、本書の内容を血肉化していただき、実践を通して知財ミックスによる成長を実現していただければと思います。多くの日本企業には、それによって大きく伸びるだけのポテンシャルがあると信じています。

最後に、「知財ミックス」によって一発逆転に成功し、これからの10年間で転落の道から軌道修正できた企業が、その次の10年（今から20年後）、さらにそのまた次の10年（今から30年後）を見据えてやるべきことについて、伝えておきたいと思います。

２０２０年代で逆転を経験できた企業は、２０３０年以降は、今までの失ってきた分を取り返し、しっかりした**「刈り取り」**をしてほしいと考えています。

もちろん、それで贅沢をしたり、無駄にキャッシュを留保したりするのでもなく、次の10年のために**仕込みの投資**をしてほしいのです。

失い続けたこの30年ですっかり疲弊した日本の企業や個人は、新たな投資に回す余力もなくなり、完全に負のスパイラルに陥っているように感じます。

「知財ミックス」によって自社・他社の有力な知財を結合させ、それを社会・顧客の価値につなげるためのビジネスモデルを構築できた暁には、その**収益を存分に刈り取っていただき、次の時代のための新たな知財の獲得に向けてしっかり投資してほしい**のです。そのサイクルに入れば、日本はイノベーション先進国としてふたたび世界に躍り出ることができるでしょう。そして、企業や個人はダイナミックに稼ぎながら、世界中の人たちに幸福や喜びを与え、尊敬される存在になることでしょう。

まずはそのためにも、自信をもって大きな未来を描き、まだ見ぬ社会・顧客の課題・ニーズにどうしたら応えられるか、思いを馳せるところから始めてみてください。

さらに私の著者としての願いは、そこまで実現できた企業は、さらに次の10年で**これまでの教育を変えていただきたい**と思っています。本書の冒頭で、超実践的な「知財ミックス」を成功させることができれば、その経験を積み重ねることで、成長を止めてしまうマインドを根本から変えることができると述べました。

経験によってマインドを変えることができた〝生き証人〟たちが、今度は**次の世代への教育に当たり、バトンを引き継いでいってほしい**のです。

長い歴史を通じて脈々と受け継がれてきた国民のマインドというものは、なかなか変わるものではありません。しかし、教育を根本から変えれば、マインド自体も変えられるかもしれません。

そのためには、本書で５つの実践行動を通じて紹介してきた次のような点が重要となります。

①ゼロから自分で課題を設定すること

②躊躇せずにお金を稼ぐ仕組みをつくること

③非常識な知財の使い方をデザインすること

④知財はパートナーとともに持ち寄って価値共創に活かすこと

⑤リスクは正しく見積もり、適切な対策を打つこと

これらの内容を、経験に裏打ちされた教育で教え込み、成果を積み上げることで、**マインド自体も変えることができる**はずです。これからは、私自身もその教育の一翼を担っていきたいと思っています。ぜひ本書の内容を軸に、一緒に実践していきましょう。

本書の刊行にあたっては、多くの方々から励ましや助言をいただきました。私が、前職のデロイトトーマツコンサルティングから独立し、一年後に未来価値創造ゼミ「ＢＵＩＬＤ」を立ち上げたときから毎週のように議論し、三人四脚で本書のコンテンツの根幹を成す未来価値創造のあり方を一緒に模索してきた、一般財団法人知的財産研究教育財団 知的財産教育協会 事業部長の近藤泰祐氏、前職のクライアントであり現在はデジタル技術経営研究所 代表の神庭基氏には、計り知れないほどのヒントをいただきました。また新卒で入社した三菱総合研究所時代からずっとお世話になり、「ＢＵＩＬＤ」でも講師を務めていただいている元トヨタ自動車レクサスブランドマネジメント部長の高田敦史氏、「ＢＵＩＬＤ」の卒業生であり、そのスピンアウト企画であるYouTubeチャンネル「集まれ、ファーストペンギン」で私とともにＭＣを務めていただいている株式会社リコーの池昂一氏には、いつも励ましていただき、力を与えていただきました。

そして、編集を担当していただいたポプラ社の碇耕一さんには、いつもヒントをいただきながら、初めて出版する私の背中を押していただきました。すべての方々に、この場を借りて心からの感謝をささげたいと思います。

２０２３年６月吉日

鈴木健二郎

Kenjiro Suzuki

鈴木健二郎

株式会社テックコンシリエ代表取締役、知財ビジネスプロデューサー。

東京大学大学院情報理工学系研究科博士課程修了後、株式会社三菱総合研究所、デロイトトーマツコンサルティング合同会社を経て、2020年に株式会社テックコンシリエを設立し現職に至る。

三菱総研在職中に、株式会社三菱東京UFJ銀行（現・三菱UFJ銀行）に2年間出向。知財の価値を裏付資産とする投融資やM＆Aなどの金融スキームの開発に従事し、知財が「宝の持ち腐れ」になっている多数の企業の経営再建に成功する。以降、企業が保有する技術力やアイデア、ノウハウ、ブランド、デザイン、アルゴリズムなどを掘り起こし、新規事業や研究開発に活かすための戦略立案・実行を支援するビジネスプロデューサーとして国内外で成果を上げてきた。経済産業省・特許庁をはじめとする政府の知財政策の検討でも多数の実績を持ち、業界団体主催のカンファレンス、金融機関や事業会社内での役員・管理職向けセミナーでの講演、各種ジャーナルでの寄稿・執筆実績多数。

著者の
Facebook

BUILDの
YouTube

テックコンシリエの
HP

デザイン ………………… 鈴木大輔・仲條世菜（ソウルデザイン）
図版デザイン ………… 本橋雅文（orange bird）

GAFAMも実践する世界基準の知財ミックス
「見えない資産」が利益を生む

2023年8月21日　第1刷発行

著　者　鈴木健二郎
発行者　千葉　均
編　集　碇　耕一
発行所　株式会社ポプラ社
〒102-8519　東京都千代田区麹町4-2-6
一般書ホームページ　www.webasta.jp
印刷・製本　中央精版印刷株式会社

N.D.C.335 ／ 246p ／ 19cm ISBN978-4-591-17809-6